ZHONGHUA WENMING GUSHI

中华文明故事

魏晋炫风骨

陈建中 ◎ 主编   赵显明 ◎ 编著

希望出版社

图书在版编目（CIP）数据

中华文明故事. 魏晋炫风骨 / 赵显明编著；陈建中主编.
-- 太原：希望出版社，2019.6（2021.6重印）
ISBN 978-7-5379-8072-2

Ⅰ：①中… Ⅱ．①赵… ②陈… Ⅲ．①文化史-中国
-魏晋南北朝时代-青少年读物 Ⅳ．① K203-49

中国版本图书馆 CIP 数据核字（2019）第 011191 号

图片代理：全景视觉

中华文明故事 / **魏晋炫风骨**
陈建中　主编　　赵显明　编著

出 版 人：孟绍勇
策划组稿：杨建云　　赵国珍
项目统筹：翟丽莎
责任编辑：谢琛香
复　　审：刘志屏
终　　审：侯天祥
装帧设计：陈东升　　罗紫涵
美术编辑：王　蕾

出版发行：希望出版社
地　　址：山西省太原市建设南路 21 号
开　　本：720mm×1000mm　1/16
版　　次：2019 年 6 月第 1 版
印　　张：8.5
印　　次：2021年6月第2次印刷
印　　数：5001-10000册
印　　刷：三河市同力彩印有限公司
书　　号：ISBN 978-7-5379-8072-2
定　　价：30.00 元

中华文明故事

魏晋炫风骨

亲爱的读者，你知道我国古代的科学技术是在什么时期达到世界先进水平的？你知道我国的书法绘画、石雕彩塑是从什么时候开始走向辉煌的？既不是长达400余年的两汉，也不是民富国强的盛唐，而是魏晋南北朝。

有人可能会有疑问：两汉和大唐不是中华古文明的鼎盛时期吗？为什么古代文明发展的第二个高峰期没有出现在汉唐，反而出现在处于动荡之中的魏晋南北朝呢？

春秋战国时期——中华古文明的崛起，是因为社会制度的巨大变化，是因为奴隶制度的崩溃和封建制度的建立。而魏晋南北朝时期——中华古文明的飞速发展，主要源于思想的解放——两汉谶（chèn）纬神学的崩溃和传统文化的复兴。

著名美学大师李泽厚先生说得好："魏晋恰好是一个哲学重新解放、思想非常活跃、问题提出很多、收获甚为丰硕的时期。"魏晋时期的思想解放，使中华大地上重新出现了"百花齐放、百家争鸣"的局面，为魏晋南北朝时期的文明发展奠定了重要的思想基础。

中华古文明飞速发展的第二个高峰期就是从三国时期开始的。

魏晋时期，最先取得重大成果的是哲学、文学、书法和绘画。三曹七子、竹林七贤、著名画家顾恺之、大书法家王羲之等，都是这一时期的文化精英。

中原动乱响胡笳
三曹七子文坛秀
王墨刘琨建奇功
竹林七贤美名扬
谢安谈笑挽狂澜
书法艺术开先河
绘画艺术攀高峰
酒文化源远流长
是英名士自风流

群雄并起浪淘沙

　　东汉末年，政局混乱，一些地方官吏和豪强趁机扩充势力，形成了许多割据一方的军阀。这些军阀之间相互攻伐，致使中原地区陷入了无休止的混战中。

　　曹操在《蒿里行》中描写了当时的社会状况："铠甲生虮虱，万姓以死亡。白骨露于野，千里无鸡鸣。"

　　经过长期战乱，宦官子弟曹操、地方军阀孙权和汉室宗亲刘备各据一方，形成了三国鼎立的格局。

　　在东汉末年的军阀混战中，最先脱颖而出的是曹操。

文武全才曹孟德

曹操

小说《三国演义》中的曹操和京剧舞台上的曹操，都是被丑化了的艺术形象，而不是历史上真实的曹操。

曹操（155年—220年），字孟德，沛国谯县（今安徽亳州）人，是三国时期的政治家、军事家、诗人。

曹操自称是西汉相国曹参的后代，其实是在攀附名人，曹操的父亲曹嵩实际上是大宦官曹腾的养子。

曹操自幼聪明，曾经游历太学，博览群书，尤其喜欢兵法。少年时期的曹操任性好侠、放荡不羁，是个不怎么遵守礼法的"小淘气"；再加上他父亲曹嵩是大宦官曹腾的养子，所以，曹操最初是一个不被人们看好的"小无赖"。

《挟天子以令诸侯》

青年时期的曹操凭借自己的胆识和气魄，博得了人们的赞赏。曹操走上正道的第一步就是与祸国殃民的宦官集团彻底决裂。

曹操虽然出身于宦官门中，但是在东汉末年的"党锢之祸"中，却站到了宦官集团的对立面，义正词严地上书为大忠臣窦武、陈蕃翻案。曹操担任洛阳北部尉的时候，大宦官蹇（qiǎn）硕的叔叔违犯禁令，曹操立即下令把这个万人痛恨的家伙用乱棍打死。这些事情都受到了朝中正直之士的称赞。

汉灵帝末年，曹操升为典军校尉，是东汉末年著名的"西园八校尉"之一。董卓掌握朝政后，曹操不仅拒绝与他同流合污，还亲自行刺

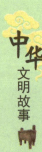

董卓。事情败露后，曹操逃回家乡，集合了一支5000多人的队伍，加入了征讨董卓的联军。

196年，曹操率领人马彻底击败了董卓的残部，奉迎汉献帝，迁都许昌。从此，曹操就开始"挟天子以令诸侯"了。

《 战官渡统一北方 》

曹操奉迎汉献帝迁都许昌后，先发兵"擒吕布、破袁术"，清除了两个重要敌人。这时，在北方真正对曹操构成威胁的就剩下袁绍了。

袁绍势力相当强大，总想取代曹操，控制中央政权。200年，袁绍与曹操之间爆发了历史上著名的官渡之战。

曹操虽然"挟天子以令诸侯"，在政治上处于优势，但能够投入作战的兵力却只有三万多人。袁绍虽然在政治上处于劣势，但是占据着冀、青、幽、并四州的辽阔土地，手下有十几万大军，实力远在曹操之上。

曹操冷静地分析形势，首先出兵击败了袁绍的同盟军刘备，解除了后顾之忧，然后进兵官渡，迎击袁绍。

曹军虽然战斗力较强，但是兵少粮缺，很难打持久战。袁军战斗力虽然稍差，但是兵多粮足，有利于长期对峙。

曹操不愧为伟大的军事家，他先出奇兵攻陷了袁军的屯粮之所乌巢，断绝了袁军的后勤补给，打乱了袁绍的军事部署；紧接着，又亲自率领主力部队向袁军大本营发起了总攻，彻底打垮了袁绍的十几万大军。这就是历史上著名的以少胜多的官渡之战。

官渡之战以后，曹操占据了冀、青、幽、并四州，很快统一了长江以北。

《 征江南遭受挫折 》

208年，曹操率领10万大军南下荆州。荆州牧刘表本来就在病中，听说曹操大军压境，连病带吓就呜呼哀哉了。刘表的儿子刘琮迫于曹军的威势，率领荆州军民投降了曹操。

占据荆州后，曹操的兵力增加到20多万，对外号称80万，准备一举消灭逃到夏口（即武汉三镇中的汉口）的刘备和占据江东的孙权，从而实现统一江南的目标。

在危局面前，孙权和刘备联合起来，在赤壁与曹军隔江对峙。

最后，周瑜采用大将黄盖的诈降计，纵火焚烧了曹操的水军舰船，曹军损失惨重，只好退回了北方。

曹军虽南进失利，却没有受到致命打击。曹操仍然占据着"挟天子以令诸侯"的有利地位。

216年，曹操被册封为魏王。此时的曹操距离"称帝代汉"只有一步之遥了。

但是，这位老谋深算的政治家始终打着"维护汉室"的旗号，没有谋求做皇帝，还把自己的女儿嫁给汉献帝，当上了刘姓皇帝的老岳丈。

《 真实的曹操 》

曹操作为杰出的政治家、军事家，为东汉末年的社会稳定做出了重要贡献。他曾经说过："设使天下无有孤，不知当几人称帝，几人称王！"这的确是一句大实话。

219年，吴王孙权写信劝曹操称帝。曹操何等聪明，哪能上这个当。他深知自己的处境十分困难，内有汉室宗亲和朝中大臣的猜忌，外有孙权、刘备的军事威胁，劝自己当皇帝的人不过是想把自己放在炉火上煎烤而已。

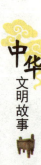

中华
文明故事

曹操明确表示，自己的志向只是为国家讨贼，死后能在墓碑上题写"汉故征西将军丞相曹侯之墓"就心满意足了。无论后人怎样评价曹操，曹操直到死也只是东汉的丞相、魏王和皇帝的老丈人。

曹操相貌一般，却气度不凡。据《世说新语·容止》记载：有一次，匈奴派使者来访，曹操担心自己的形象不够威武，就让身材高大的崔琰假扮成自己，他则扮作带刀侍卫，拎刀立在一旁。

接见结束后，曹操派人问那位使者："魏王怎么样？"使者回答："魏王很有风度，不过，那位拎刀的侍卫才是真正的英雄！"

风流潇洒数周郎

三国时期，英俊潇洒的风流人物要数东吴的水军大都督周瑜了。

周瑜（175年—210年），字公瑾，庐江舒县（今安徽舒县）人，是三国时期的名将。

周瑜容貌英俊，精通兵法，深谙音律，学识过人，是一位文武双全的杰出人物。

> 周瑜是一员儒将，他学识过人、胸襟开阔。在赤壁之战中，他指挥吴蜀联军打败了曹操的南下大军，从此奠定了魏、蜀、吴三足鼎立的政治格局。

《 吴中周郎 》

190年，孙策的父亲孙坚起兵讨伐董卓时，他家住在寿春（今安徽寿县）。孙策在江淮一带很有名气，周瑜前去拜访，就劝孙策携母亲、弟弟移居舒县，孙策听从了他的意见。周瑜让出大宅院供孙家居住，两家交好。

兴平二年（195年），孙策率军平定江东，周瑜立即起兵相助。两

周瑜

人很快就扫平江东，为吴国的建立奠定了基础。

孙策占据江东后，让周瑜驻军吴中。周瑜深得民心，人们都非常爱戴他，亲切地称他为"周郎"。

东汉末年，有两个姑娘叫大乔和小乔，都长得美丽动人，传说有"沉鱼落雁之容，闭月羞花之貌"。

孙策和周瑜听说后，就一起去求婚。这两位都非常有本领，又都是英俊潇洒的美男子，最终同时娶得美人归：孙策娶了大乔，周瑜娶了小乔，君臣成了连襟。

《 智挫蒋干 》

建安五年（200年）四月，年仅26岁的孙策遇刺身亡。孙策临终时，把军国大事托付给弟弟孙权。当时孙权年龄尚小，孙策写遗书给周瑜，让周瑜辅佐孙权成就大业。

周瑜对孙权非常忠心。据《江表传》记载，曹操知道周瑜人才出众，很想为自己所用。孙策死后，曹操曾派九江名士蒋干前去游说周瑜。

蒋干，字子翼，是江淮名士，不仅才学出众，仪容秀美，而且善于言辞，是周瑜的同窗好友。蒋干受命之后，布衣葛巾，划着一只小船过江去拜访周瑜。

周瑜听说蒋干来访，立即亲自出迎，开门见山地问："子翼真是用

中华
文明
故事

心良苦，远涉江湖来访，不是替曹操做说客的吧？"

蒋干被周瑜道破了机关，有些尴尬，只好说："我只是来看看同窗好友，您却说我是说客，不是太过分了吗？"

周瑜笑着回答："我虽然比不上师旷，但听到弦歌，就知道雅意了。"师旷是春秋时期著名的乐师，辨音能力特强。周瑜的意思是你蒋干是来干什么的，我心里早已明白了。

周瑜请蒋干进入营帐，摆酒设宴，盛情款待，然后安排蒋干住了下来。

三天后，周瑜把蒋干请到营中，先领着他参观了军队、粮草和兵甲军械，然后大摆宴席。酒席间，周瑜先向蒋干展示了自己的服饰和珍宝，然后又推心置腹、慷慨激昂地对蒋干说："大丈夫处世，遇知己之主，外托君臣之义，内结骨肉之亲，言听计从，祸福共之。即使苏秦、张仪重生，郦叟复出，也休想说得动我。"郦叟指的是西汉时高阳酒徒郦食其（lìyìjī）。他靠游说，曾拿下齐城七十余座。

周瑜的一番话，让蒋干心里十分钦佩，他就笑着再也不说话。蒋干回到江北，带着敬佩的心情对曹操说："周瑜器量高雅，不是言辞所能说动的。"

这件事传出去以后，天下之士都非常佩服周瑜的品德。在小说《三国演义》中，罗贯中把仪容秀美、才学出众的名士蒋干描写成了一个间谍。而京剧艺术家们干脆把蒋干塑造成了一个猥琐的小丑。这样既贬低了人才出众的蒋干，也贬低了周瑜。周瑜哪里会有那样的朋友！

《 火烧赤壁 》

曹操占据荆州后，扬言要顺流而下，席卷江东。他给孙权写信说："我奉旨南征，刘琮束手就擒。如今训练了80万大军，准备与您在江东会猎。"

面对曹操的威胁，东吴的文臣武将都十分惊恐，以张昭为首的大多数官员主张投降。孙权很苦恼，只好把在柴桑训练水军的周瑜召回来商讨对策。

周瑜痛斥了投降派，指出了曹操南征的不利因素：

第一，北方不安定，马超和韩遂陈兵关西，是曹操的后顾之忧；

第二，曹军舍去鞍马，使用舟船，与江南争锋，是以短击长，必败；

第三，严冬季节，连马吃的草都没有，曹军粮草供应很困难；

第四，曹军都是北方人，远涉江湖，不服水土，必然会生疾病。

周瑜对孙权说："曹军面临的这四个问题，都是兵家之大忌。将军若想擒捉曹操，现在正是极好的机会。请拨给我三万精兵，我会为将军大破曹兵。"

周瑜可不是说大话，他率领三万人马同刘备的两万军队在夏口会师，与驻扎在长江北岸的曹军形成了隔江对峙的军事局面。

大战的序幕拉开了，周瑜采纳部下大将黄盖的诈降计，选了几十艘蒙冲斗舰，在船中装满柴草，浇上油脂，打着投降的旗号，对曹操的水军实行了火攻。

火借风势，风助火威，周瑜在赤壁江面上纵起的这场大火，不仅烧毁了曹操水军的全部战船，连岸上的旱寨也被烧毁了。曹军损失惨重，只好退回了北方。

《 遗策英明 》

赤壁之战后，刘备攻占了武陵、长沙、零陵、桂阳四郡。为了进一步扩大自己的地盘，刘备以江南四郡土地太少、不能安民为理由，向孙权借了南郡，很快就控制了荆州全境。

周瑜对刘备很担心，他对孙权说："刘备本是枭雄，又有关羽和张飞这两员虎将，不会长久为我所用。应该让刘备和关、张日益疏远，才能制服他。现在让他们在一起，还借给他们土地，就好像让蛟龙得到云雨，恐怕很难养在水池子里了！"

但是，孙权却认为曹操在北方势力太大，应该联合各路英雄与曹操抗衡，所以没有听从周瑜的建议，反而把妹妹嫁给了刘备。至于《三国演义》中诸葛亮"三气周瑜"的故事，只不过是小说家的虚构而已。

当时，刘璋占有西川，张鲁占有汉中。周瑜向孙权建议："曹操新败，还没有恢复过来。我想请求和奋威将军程普共同出兵，先夺取西川，再攻占汉中。然后，留奋威将军守住西川，和马超结盟抗曹。我回来与将军从襄阳出兵攻曹，这样两路进兵就可以占领中原，统一天下了。"

周瑜的计划，非常有战略眼光，与诸葛亮的"隆中对"几乎完全相同。孙权立即表示赞同，让周瑜赶回江陵，做好出征前的准备。可惜周瑜半路染病，死于巴丘，当时只有36岁。

《 风流倜傥 》

周瑜精通音律，即使在酒后仍然能听出乐师演奏时的细微失误，每当这个时候，他总会回头看一下。所以，当时吴地流行一句谚语："曲有误，周郎顾。"可见，周瑜的音乐水平确实相当高。

周瑜心胸开阔，为人大度。程普认为自己比周瑜年龄大、资格老，官职反而比周瑜低，很不服气，多次故意欺辱周瑜。周瑜以国家利益为重，从来不跟他计较，最终以高尚的人格魅力打动了程普。

后来，程普对周瑜非常敬重，他曾经对人说："与周公瑾交往，如

周瑜与小乔

同饮美酒一样，不知不觉就醉了。"

孙权对周瑜也十分信赖。周瑜病逝后，孙权非常伤心，痛哭流涕地说："公瑾有王佐之才，如今短命而死，叫我以后依赖谁呢？"

小说《三国演义》中那个气量狭小、嫉贤妒能的周瑜纯属虚构。试想，赤壁大战时，周瑜已经是东吴水军大都督，对诸葛亮这个比自己小6岁的年轻后生怎么可能有嫉妒之心？

北宋大文豪苏轼在那首著名的《念奴娇·赤壁怀古》中，称赞周瑜："遥想公瑾当年，小乔初嫁了，雄姿英发。羽扇纶巾，谈笑间，樯橹灰飞烟灭。"

名垂千古诸葛亮

三国时期，只有一个人比曹操和周瑜的名气更大，这个人就是诸葛亮。

诸葛亮（181年—234年），琅琊阳都（今山东沂南）人，复姓诸葛，名亮，字孔明。三国时蜀汉的政治家、军事家。最初是刘备的谋士，后来当上了蜀汉的丞相。

东汉末年，诸侯并起。汉室宗亲刘备与关羽、张飞"桃园三结

诸葛亮

义"，结成了生死兄弟。刘备虽然早就有英雄之名，却没有地盘，人马也很少，只能四处漂泊。

官渡之战，袁绍兵败，刘备只好率领部下南逃荆州，依附于刘表。刘表让刘备的人马驻扎在襄阳，防备曹军南下荆州。就在这个时候，刘备结识了诸葛亮。

《 三顾茅庐 》

刘备手下的关羽、张飞、赵云都勇冠三军，但他身边却没有出类拔萃的谋士。驻军襄阳时，经徐庶、司马徽等人推荐，刘备得知隆中有位才学出众的人物诸葛亮，于是就有了"三顾茅庐"的故事。

诸葛亮祖籍琅琊，为躲避战乱来到襄阳。刘备请他出山的时候，他只有27岁。

刘备请诸葛亮出山并没有太费劲，因为年轻气盛、胸怀大志的诸葛亮，也很想找机会施展自己的才能。所以，双方一拍即合，诸葛亮就成了刘备的重要谋士。

诸葛亮本就是"人中卧龙"，小说《三国演义》又把许多传奇故事"移植"到诸葛亮身上，所以，诸葛亮就成了人们心目中智慧和忠臣的化身。

《 隆中对策 》

诸葛亮和刘备第一次相见，就凭借杰出的政治见解和过人的谋略，赢得了刘备的尊重。

诸葛亮对刘备说："北方的曹操已经打败群雄，拥有百万之众，

'挟天子以令诸侯'，是不能和他相争的。东吴孙权占有富庶的江东，已经经营了三代，地势险要，百姓拥护，只能作为外援而不能攻取。

"荆州这块地方，北面有汉水、沔水，为天然屏障。南面有近海之利，非常富庶。东面紧邻吴越，西边接连巴蜀，是真正的用武之地。益州沃野千里，号称'天府之国'。您应该先夺取荆州，然后夺取益州，建立巩固的根据地。对外联合孙权，共同抗曹，对内网罗人才，励精图治。等到局势发生变化，从荆州、益州两路出兵，就可以占领中原，完成'安汉兴刘'的统一大业了。"

这就是著名的"隆中对策"。后人称赞诸葛亮"未出茅庐先知三分天下"，指的就是这次谈话。其实，"隆中对策"与周瑜向孙权提出的建议基本相同，都是先取西川，然后两路出击，夺取天下。可以说，诸葛亮和周瑜是"英雄所见略同"。

〖 进占西川 〗

赤壁之战结束后，曹操败回北方。刘备先占领了长江以南的武陵、长沙、桂阳、零陵四郡，然后又向孙权借了南郡，这样刘备就占据了荆州全境，完成了诸葛亮"隆中对策"的第一步。

建安十九年（214年），在诸葛亮的谋划下，刘备出兵进攻成都。四月，大军抵达成都，占据益州多年的刘璋率领众人投降。刘备占领四川后，又挥师向东，与曹操争夺汉中（即东川）。结果，远道而来的曹操大败，只好退兵。这样，刘备不仅拥有荆州，而且还占领了今四川和汉中，完成了"隆中对策"的第二步，接下来就是寻找机会打败曹魏，进而统一天下了。

《 痛失荆州 》

可惜，好景不长。就在刘备占据两川之后，孙权出兵攻占了荆州，杀死了刘备的结义兄弟关羽。就这样，诸葛亮的"隆中对策"成了泡影。

诸葛亮在入川的时候，曾经给关羽留下了镇守荆州的八字要诀：北拒曹操，东和孙权。

但是，关羽却没有处理好与孙权的关系，失去了荆州，断送了诸葛亮两路出兵、恢复汉室的战略意图。

据史书记载，关羽从荆州挥师北上攻打曹操，水淹七军，斩杀庞德，生擒于禁，吓得曹操欲迁都避让。

曹操给孙权写了一封信，假意把荆州封给东吴，好让孙权出兵夺取荆州，牵制关羽。

聪明的孙权怎么可能被曹操利用呢？他立即做出了完全相反的决定，与关羽"联姻抗曹"。

孙权派人前往荆州向关羽提亲，要聘关羽的女儿做儿媳妇，以便联合关羽共同抗曹。但是，这门亲事却被关羽很不礼貌地拒绝了。关羽怒斥使者："吾虎女焉能嫁犬子！"

关羽太过分了。孙权盛怒之下，就趁关羽与曹军在前线大战的机会，从背后出兵偷袭荆州，并杀死了关羽。从此，孙、刘两家就结了仇。

《 蜀相英名万古传 》

223年，刘备病逝。刘备临死前把儿子刘禅托付给诸葛亮，这就是著名的"白帝城托孤"。从此，蜀国的军政大权全部掌握在诸葛亮手中。

诸葛亮当政，重新确立了"联吴抗魏"的军事战略。他先派使者与孙吴重修旧好，又出兵西南，采用"攻心为上"的策略，把云南、贵州等少数民族地区变成了蜀国的大后方。

解除了后顾之忧，诸葛亮就率领大军向魏国发动了一系列攻势。他依靠秦岭天险，扼守山间的峡谷、栈道，建立了巩固的军事防线，然后又利用秦岭南坡舒缓、北坡陡峭、易守难攻的有利地形，多次主动向曹魏出击。

诸葛亮的目标是"兵出斜谷，攻占长安"，然后与曹魏争夺中原。《三国演义》中"诸葛亮六出祁山"的故事和京剧《失街亭》《空城计》《斩马谡》等传统剧目，都取材于这段历史。当然，有些故事是张冠李戴，从别人身上借来的。

诸葛亮利用西蜀偏僻地区有限的人力、物力，多次进军中原，对曹魏政权造成了极大威胁，充分展示了他杰出的军事指挥才能，连他的老对手司马懿都十分钦佩。据说，诸葛亮死后，蜀军退兵，司马懿观看了诸葛亮的营垒和军事设施后直感叹："孔明真是天下奇才啊！"

234年，诸葛亮病死在军中。唐代诗人杜甫的名句"出师未捷身先死，长使英雄泪满襟"，道出了蜀中百姓和西南各族人民对这位爱民如子、清廉高尚的伟大政治家的无限怀念。

中原动乱响胡笳

《三国演义》虽然规模宏大、内容波澜壮阔，但是，历史上的三国时期持续的时间并不长。如果从220年曹魏代汉算起，到263年蜀国灭亡，前后还不到半个世纪。

三国之中，蜀国是最先灭亡的。263年，魏国大将邓艾从阴平古道出奇兵翻越天险摩天岭，攻入成都，蜀国灭亡了。280年，西晋大军渡过长江，攻下东吴的都城建业（今江苏南京），吴国也灭亡了，西晋统一了天下。

西晋是如何兴起的呢？原来，还在三国鼎立的时候，魏国的军政大权就已经落在了司马懿手中。265年，司马懿的孙子司马炎取代了曹姓皇帝，建立了一个新政权——晋，历史上称为西晋。

魏曹丕自缚手足

曹魏政权很短命，原因是曹丕规定：曹氏宗族不许参与朝政。这种做法就好像一个人捆住自己的手和脚，却对别人说"我现在最安全了"，实在是可笑。

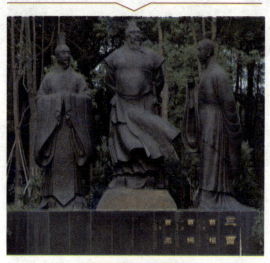
三曹父子雕像

220年，曹操病死。曹操的儿子曹丕用武力逼迫自己的妹夫——汉献帝刘协上演了一幕禅让闹剧，自己登上了皇帝的宝座，建立了魏国。

为了表明汉献帝刘协禅让是自愿的，曹丕的亲信逼迫汉献帝一天之内连下三道禅位诏书，又筑起受禅台办理交接仪式，这场禅让的闹剧才散场。

后来，曹丕还恬不知耻地对手下说："朕现在知道尧舜禅让天下是怎么回事了。"其实，尧舜时期的禅让，可不是这种刀架在脖子上逼迫别人让出皇位的假禅让。

《 埋下隐患 》

曹丕只当了六年皇帝就病死了，但他却给司马氏篡夺曹魏政权做了个极好的样板。从曹丕代汉的那一刻开始，皇帝头上的神圣光环就不存在了，真应了那句话："皇帝轮流做，明年到我家。"

从此，在中国的历史舞台上，不仅反复上演过这种禅让闹剧，还多次上演过"动刀动枪，弑父弑君"的全武行。

曹魏政权非常短命，从220年曹丕代汉，到265年魏国被司马氏灭亡，前后只有短短的45年时间。其中重要的原因，就是曹丕最大限度地削弱了曹氏宗族的实力。

按理说，曹操和曹丕都很有见识，早就应该认识到权臣篡位的危险，尤其是魏文帝曹丕，他自己的皇位就是从汉献帝手中夺过来的。为什么不吸取历史教训呢？

《 兄弟相煎 》

曹丕限制自家兄弟，限制曹姓宗室拥有兵权，还真的是出于无奈。曹操是大英雄，他培养出来的儿子个个都很出众。

曹丕虽然很能干，但是论文才韬略、治理国家，比不上弟弟曹植；论行军打仗、冲锋陷阵，比不过弟弟曹彰。

更让他气愤的是，父亲曹操在世的时候差点把王位传给曹植。因此，曹丕当了皇帝以后，只想着如何防范自家兄弟，却忽略了权臣的危害。

曹操去世时，曹彰手握十万大军。曹丕继承王位后，做的第一件事就是夺取弟弟曹彰手中的兵权。后来，这位手格猛兽、勇武绝伦的任城王却不明不白地死了。有人认为他是被哥哥曹丕毒死的。

曹植作七步诗

曹丕最忌恨曹植，因为曹植差点让他失去王位。曹丕当了皇帝后，立即杀了曹植的好友丁仪和丁翼兄弟俩，把曹植逮到了京师。

在殿堂上，曹丕让曹植在七步之内以"兄弟"为题赋诗一首，诗中不许涉及"兄弟"二字，否则就杀头。于是就有了那首著名的《七步诗》："煮豆持作羹，漉菽以为汁。萁在釜下燃，豆在釜中泣。本自同根生，相煎何太急？"诗中恳切地讽谏曹丕不要兄弟相煎。

据说，曹丕手下的众臣都劝曹丕杀掉曹植，在母亲的极力庇护下，曹植才勉强保住了性命。

《 自缚手足 》

魏文帝曹丕为了防范自家兄弟，竟然下令把曹氏宗族所有封了王的子弟，全都安置到远离京师的偏僻之地，还严格规定不许他们参与朝政，交由地方官严加管束。

曹丕还规定，各诸侯国的武装力量不许超过200人，且所拨兵员全都是老弱无用之人。曹姓诸侯王无故不许进京，打猎的范围也不许超过15千米。可以说，诸侯王的待遇和软禁差不多。

中国有句俗话："兄弟如手足。"自损手足，当然只有自认倒霉了。后来，司马氏欺侮曹姓皇帝欲取而代之的时候，曹氏宗族的人只能眼睁睁地看着。手中没有兵权，能有什么作为呢？

《 危机凸显 》

226年，只当了六年皇帝的曹丕病逝，他的儿子曹叡继承了皇位，即魏明帝。

239年，魏明帝曹叡也死了。临终的时候，曹叡仍然按照曹丕"宗室藩王不得辅政"的遗训，让大将军曹爽和权臣司马懿共同辅佐年仅8

岁的小皇帝曹芳。

就这样，魏国的军政大权落到了懦弱无能的大将军曹爽和野心勃勃的权臣司马懿手中。让司马懿这样的野心家辅政，就像"拿咸鱼给猫作枕头"一样，能有好结果吗？！

魏明帝曹叡

《 大权旁落 》

司马懿（179年—251年），字仲达，河内温县（今河南温县）人。司马氏家族出过许多大官，是当地的豪族。最初，司马懿看不起曹操。曹操聘司马懿入朝为官时，他压根就没答应。

曹操当了大汉丞相以后，司马懿才出任相府的官员。不过，曹操对出身世族大家的司马懿也不信任。曹操临死前叮嘱家人："司马懿鹰视狼顾，不能委以重任。"

魏明帝时，司马懿因为抵御西蜀诸葛亮有大功，被晋升为太尉。所以，魏明帝曹叡在临终时下诏，让司马懿和曹爽共同辅佐8岁的小皇帝曹芳。

曹爽是曹氏宗族中较远的一支，他与曹操的养子何晏，以及邓飏、丁谧等朝中名士关系特别好，并且得到了朝中重臣——大司农桓范的支持，因此在同司马氏的争斗中，曹爽最初是占上风的。

狡猾的司马懿始终不动声色，等待合适的机会。魏齐王（曹芳）嘉平元年（249年）正月初六，司马懿趁曹爽兄弟陪同皇帝出城，去高平陵祭祖时，突然发动了军事政变。这就是历史上著名的"高平陵之变"。

在这场血腥的军事政变中，曹爽兄弟三人、何晏、丁谧、毕轨和大司农桓范等忠于曹氏的大臣都被司马懿杀害了，并被残忍地灭了三族。从此，曹氏的皇位就岌岌可危了。

《 废掉曹芳 》

司马懿发动政变杀了曹爽之后，曹氏宗族就没有了兵权，小皇帝曹芳只好听任司马氏父子摆弄了。有些忠于曹氏、手握兵权的官员，多次起兵讨伐司马氏，但都不是司马懿父子的对手，全部以失败告终。

小皇帝曹髦

251年，司马懿病死，儿子司马师当了大将军，全面接管了曹魏的军政大权。过了几年，曹芳的年龄越来越大，不像小时候那么听话了，司马师就想废掉曹芳，再立一个顺从听话的小皇帝。

曹芳非常痛恨司马师，觉得自己身为皇帝，却事事做不了主，还经常受司马师的气，很想除掉司马师。君臣斗法，最终皇帝失败，被赶下了台。然后由司马师做主，另选曹丕的孙子——13岁的曹髦继承了皇位。

《 无耻弑君 》

255年，司马师病死了，他的弟弟司马昭掌握了曹魏的军政大权。

中华文明故事

司马师选皇帝时可真选错了人，小皇帝曹髦虽然年轻，却不是等闲之辈。曹髦自幼聪明好学，才气过人，诗书绘画无所不能。这样一个有志青年，怎么会甘心做一个傀儡皇帝呢？

司马昭

260年，小皇帝曹髦因为事事都受司马昭欺侮，决心做"困兽之斗"。

这年正月，曹髦召集大臣们上朝，在朝堂上愤怒地说："司马昭之心，路人皆知。我不能再受他的欺辱了！"从此，汉语中就有了"司马昭之心——路人皆知"这句歇后语。

曹髦在盛怒之下，亲自率领宫中的侍卫和老弱残兵数百人，杀出宫门讨伐司马昭。朝中的文臣武将们，除了几个人前往大将军府告密之外，竟没有人挺身而出，跟随护驾。

司马昭听到消息后，就让亲信大臣贾充指使手下的军官成济率领人马，在皇宫外的长街上与皇帝摆开了战场。

曹髦手下连一员大将都没有，就凭宫中侍卫官焦伯和手下那几百名老弱残兵，哪里是司马氏的对手。结果非常悲惨，小皇帝曹髦被成济杀死在长街之上，血流满地。

司马昭这个伪君子经常以"不孝"的罪名杀人，这回竟然派自己的部下与皇帝对阵，而且闹到了在长街上弑君的地步，实在是不好收场。

事后，司马昭又导演了一出"掩耳盗铃"的丑剧，假惺惺地披麻戴孝，在长街之上大哭了一场，然后，下令杀了自己的走狗——成济，灭了成家三族，以堵天下人之口。但举国上下都知道这次长街弑君是司马昭主使的。

司马昭弑君之后，又立曹操的孙子曹奂当了皇帝。

《 三家归晋 》

魏元帝曹奂成了真正的傀儡皇帝。265年，司马昭也病死了，他的儿子司马炎掌握了曹魏的军政大权。就在这年12月，司马炎仿照当年魏文帝曹丕的做法，上演了一幕禅让闹剧，自己登上了皇帝的宝座。

新王朝建国号为晋，司马炎就是晋国的开国皇帝——晋武帝，历史上称为西晋。

280年，司马炎派出10万大军突破长江天险，灭了孙吴政权，三足鼎立的局面终于结束，取而代之的是西晋王朝的一统天下。

起动乱骨肉相残

在皇室中分封诸侯，虽然能保障自家江山不会被外姓人抢走，却避免不了拥兵自重的兄弟骨肉相残。西晋灭亡的直接原因，就是在诸侯王之间掀起的"八王之乱"。

司马炎十分聪明，他认识到曹魏政权短命的原因，就是曹姓皇族势力太弱。于是，他在当皇帝的第二年就开始大规模地分封诸侯。

晋武帝司马炎把他祖父司马懿身后的27位宗室子弟都封了王，还允许各个诸侯国设置大量的军队。

凡事有利就有弊。司马炎分封诸侯王导致的直接后果，就是自家兄弟的骨肉相残。

司马炎死后不久，西晋王朝就发生了历史上著名的"八王之乱"。

《 白痴皇帝 》

西晋王朝确实荒唐，司马炎定下的皇太子司马衷，竟然是一个白痴，这就难怪各诸侯王都觊觎皇帝的宝座了。

290年，晋武帝司马炎生病去世。皇太子司马衷继承了皇位，他就是中国历史上著名的白痴皇帝——晋惠帝。

司马炎在世的时候，有一天，朝中重臣卫瓘曾在朝堂上用手拍打着龙椅对司马炎说："可惜呀可惜！"意思是这把龙椅让一个白痴去坐，实在是太可惜了，想劝司马炎不要把皇位传给司马衷。

但是，太子司马衷的母亲杨氏是正宫皇后，太子妃贾南风的父亲又是帮助司马昭杀曹髦夺取曹魏天下的重臣贾充。所以，尽管太子是个白痴，仍然顺利地当上了皇帝。

晋惠帝司马衷

《 贾后篡权 》

别看晋惠帝是个白痴，却娶了个鬼精灵的皇后——贾南风。

白痴当了皇帝，他的外祖父杨骏就掌管了晋朝大权，并把自己的两个弟弟也封了高官。

眼看着晋国的军政大权落到了杨家兄弟手中，皇后贾南风可就坐不住了。这个贾南风比她父亲贾充更加心狠手辣，291年，贾南风利用皇室宗族对杨家兄弟的不满，密诏手握重兵的楚王司马玮进京，杀了杨氏兄弟及其同党，并逼死了婆婆杨太后。之后，贾南风让白痴皇帝下诏，任命汝南王司马亮和老臣卫瓘辅政。

让汝南王司马亮和老臣卫瓘掌权，并不是贾南风的初衷。不久，她又让那个白痴皇帝下诏，利用楚王司马玮杀了司马亮和卫瓘。最后又以"擅杀朝廷重臣"的罪名，处死了已经没有多大利用价值的司马玮，她自己掌管了晋国的军政大权。

最初，贾南风依靠她的哥哥贾模、族侄贾谧和名士张华、裴颁（wěi）、王戎，共同治理朝政，政局还算稳定。但是好景不长，很快就发生了动乱。

【 赵王作乱 】

晋惠帝是个白痴，从不过问政事，任由贾氏宗族摆弄。可是，皇太子司马遹（yù）的年龄越来越大，对贾南风的飞扬跋扈很不满，与贾模之间发生了严重冲突。

太子司马遹不是贾南风亲生的，所以贾后当然站在了自己娘家人这边。299年，贾南风先以惠帝的名义废了皇太子司马遹，然后，又派人毒死了他。贾南风的所作所为，引起了朝中大臣和皇族的强烈不满，也给别有用心的诸侯王提供了起兵的借口。

300年，赵王司马伦和

皇后贾南风

梁王司马肜（róng）打着晋惠帝的旗号，起兵杀了辅佐贾南风的大臣张华、裴頠和贾氏宗族，废了皇后贾南风。赵王司马伦掌握了西晋的军政大权。

中国有句俗话是"人心不足蛇吞象"，赵王司马伦当上了辅政大臣还不满足，还想过一过当皇帝的瘾。第二年正月，赵王司马伦尊晋惠帝为太上皇，自己当了西晋的皇帝。

《 自相残杀 》

诸侯王看见赵王司马伦当了皇帝，全都眼红了。于是，齐王司马冏（jiǒng）、成都王司马颖和河间王司马颙（yóng）联合起兵。

结果，赵王司马伦兵败被杀，战乱很快平定了。没想到，诸侯王之间又相互攻杀起来。直到306年，东海王司马越击败了众多对手，执掌了晋朝的军政大权，国家才逐渐平定下来。

这场骨肉相残的战乱，从291年贾南风密诏楚王司马玮进京算起，到306年司马越迎晋惠帝还都洛阳结束，长达16年之久，卷入这场战乱的有八位司马家族的诸侯王，历史上称为"八王之乱"。

战乱虽然结束了，但西晋王朝的麻烦事却远没有结束，那些介入"八王之乱"的匈奴、鲜卑、羯、氐、羌等少数民族武装趁机进入中原，进一步加剧了局势的动荡。

《 刘渊称帝 》

306年，东海王司马越迎接晋惠帝回到洛阳。不久，这位白痴皇帝生病逝世，司马越和西晋名士王衍一起拥立晋惠帝的弟弟司马炽当上了皇帝，这就是晋怀帝。

这时，西晋虽然平息了内乱，但由于十多年的战乱，国家的政治、经济和军事都陷入了极度的困境中，再也抵挡不住北方游牧民族的武装进攻。

在北方各部族中，最先称帝的是匈奴贵族刘渊。刘渊（约251年—310年），世袭匈奴左部帅，"八王之乱"时投在成都王司马颖麾下。后来司马颖被封为皇太弟，刘渊也当上了屯骑校尉，由于他在战乱中立下许多战功，被封为"冠军将军"。

304年，司马颖兵败后逃往洛阳，刘渊乘机独立。刘渊声称自己是西汉刘姓皇帝的后人，追尊蜀汉后主刘禅为孝怀皇帝，自封为"汉王"。

不久，羯族的部落酋长石勒也率领部下投奔了刘渊，刘渊的势力范围很快就扩展到了山西中南部的大部分地区。308年，刘渊在平阳（今山西临汾）称帝，建国号为汉，其后代在319年改国号为赵，史称前赵。

《 西晋灭亡 》

310年，刘渊病死，刘聪继承了皇位。刘聪派大将刘曜、王弥进攻西晋京城洛阳，又派石勒攻占南阳和襄阳，对洛阳形成了两面夹击之势。

晋怀帝司马炽和司马越、王衍只好命令各州郡，发兵解救京城。但是，各地的割据势力都只顾自己的利益，没有一兵一卒来救这个倒霉皇帝。

最后，司马越和太尉王衍抛弃了晋怀帝，率领手下人马向东逃窜。结果司马越在逃亡的路上病死，太尉王衍兵败后被石勒杀害。311年，由于没人防守，京城洛阳很快就失陷了，晋怀帝司马炽成了刘聪的俘虏。

313年，西晋控制下的州郡又拥立秦王司马邺在长安继承了皇位。这位新皇帝虽然打出了"荡除凶寇，克复中兴"的旗号，但各怀鬼胎的地方实力派根本不听号令。316年11月，刘曜率领大军围攻长安，晋愍

少数民族武装进入中原

帝司马邺在"内无粮草，外无救兵"的绝望中，开城投降，做了俘虏，次年被毒死。

两任皇帝都当了俘虏，西晋王朝就这样灭亡了。从此，中原大地上响起了胡笳声，中国历史进入了十六国的动乱时期，同时也开始了中国历史上波澜壮阔的民族大融合。

《 东晋立国 》

西晋王朝从265年司马炎称帝算起，到316年灭亡，前后只存在了50余年，与曹魏政权存在的时间相差无几。

东汉和曹魏都是因为"大权旁落，权臣篡国"灭亡的，而西晋却是因"分封诸侯，兄弟相残"而结束的，两者之间究竟孰优孰劣，实在难以判别。

西晋王朝虽然灭亡了，但是司马家族却没有退出历史舞台。317年，西晋的琅琊王司马睿以江南建康（今江苏南京）为都城，登基称帝，国号仍然为晋。历史上称为东晋。

有趣的是，虽然西晋王朝很短命，但这个偏安江南的东晋王朝却存在了上百年之久。

是什么人帮助司马睿建立了东晋王朝？是什么人使这个偏安一隅的东晋王朝抵挡住了强大的北方部族？又是什么人支持着东晋政权达到"长命百岁"的呢？

这就得从魏晋以来的玄学名士和他们身上的"魏晋风骨"说起了。

魏晋风骨不仅造就了东晋王朝的百年兴盛，造就了领兵战胜北方部族的政治家和军事家，而且造就了魏晋南北朝期间一大批杰出的书法家、画家、科学家和诗人。

群雄并起逐鹿沙
中原动乱响胡笳
三曹七子文坛秀
竹林七贤现美名
王粲刘桢建奇勋
谢安谈现美名扬
书法艺术攀高峰
绘画文化源远流长
酒文化源远流长
是东名士自风流

三曹七子文坛秀

东汉末年，虽然社会动荡，但没有了"焚书坑儒"的禁令，也没有了"独尊儒术"的限制，人们在思想上、学术上都自由了。在这种自由的社会环境下，文坛上出现了一系列耀眼的明星——三曹七子。

建安文学的代表人物是三曹七子。"三曹"是曹操、曹丕和曹植父子三人。"七子"是孔融、陈琳、王粲、徐干、阮瑀、应场、刘桢七人。因为汉献帝的年号是建安，所以他们被称为"建安七子"。

三曹七子都亲身经历过东汉末年剧烈的社会动荡，亲眼见到过老百姓遭受的苦难，因此，他们的诗歌、文章既有动人心弦的悲凉凄美，又有壮怀激烈的慷慨气概。

老骥伏枥 志在千里

南北朝时期著名的文学评论家刘勰，在《文心雕龙》中评价建安文学"观其时文，雅好慷慨"，并且指出，因为汉末社会动荡，所以建安时期的文学作品大都"志深而笔长，梗概而多气也"。

明刻本《文心雕龙》

刘勰在《文心雕龙》中对三曹的评价很有趣："魏武以相王之尊，雅爱诗章；文帝以副君之重，妙善辞赋；陈思以公子之豪，下笔琳琅。"

刘勰所说的"魏武"是曹操，"文帝"是曹丕，"陈思"就是曹魏政权建立后被封为陈王的曹植，因死后谥为"思"，故以"陈思"指曹植。

三曹之中，曹操的诗以慷慨悲凉、气魄雄伟著称于世。

《 最早的边塞诗 》

曹操可以算作边塞诗的创始人。由于长年南征北战，曹操写了许多描述军旅生活的诗歌，其中《苦寒行》和《却东西门行》尤为出色。曹操的边塞诗和唐代已经"风景化"的边塞诗相比，更加悲壮，更加凄美。

在《苦寒行》中，曹操首先形象地描述了巍巍太行的险峻和战士们行军的艰难："北上太行山，艰哉何巍巍！……树木何萧瑟，北风声正悲。熊罴对我蹲，虎豹夹路啼。溪谷少人民，雪落何霏霏！"

接着，曹操又以悲壮苍凉的诗句描述了天色渐晚，桥梁断绝，战士们在行军途中迷了路，陷入困境时的绝望心情："水深桥梁绝，中路正徘徊。迷惑失故路，薄暮无宿栖。行行日已远，人马同时饥。"

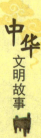

唐人的边塞诗，多写的是壮丽的景物和视觉的感受，给人以无限的美的遐想。而曹操的诗写的却是自己的真实情怀，更能给人以强烈的心灵震撼。

《 以诗言志 》

在古老的中华传统文化中，诗歌被看得很重，自古就有"诗言志"的说法。曹操的诗既有对国家前途的忧虑，也有对贫苦百姓的同情；既有目睹国家动乱的悲凉心态，也有以天下为己任的慷慨激昂。

脍炙人口的《短歌行》就是言志与抒情相结合的典范。

这首诗是曹操在赤壁之战的前夜，仰望夜空，双手持槊，在船头吟唱出来的。从此，就有了曹孟德在长江之上"横槊赋诗"的典故。

三曹之中，以曹操的诗文最有气势。曹操半生戎马生涯，目睹了东汉末年百姓的流离之苦，亲身经历了残酷血腥的社会动荡。因此，是时势造就了诗人慷慨激昂的艺术风格。

这首诗以"对酒当歌，人生几何？譬如朝露，去日苦多"作为开头。曹操在慨叹人生像早上的露珠那样短暂的同时，也表达了内心对"对酒当歌"欢乐生活的渴望。在他接下来所发出的"慨当以慷，忧思难忘。何以解忧？唯有杜康"的感慨中，我们似乎看到了一个在动荡岁月中心情忧郁、借酒浇愁的曹操。

曹操为什么发出"何以解忧"的感慨呢？因为国家四分五裂，战火纷飞，他面对空中的明月、南飞的乌鹊，吟唱出了对国家前途、命运深深的忧虑之情。"月明星稀，乌鹊南飞。绕树三匝，何枝可依？"如此苍凉、凄美的诗句，不正是曹操彷徨、忧虑的内心世界的真实反映吗？

最后，"山不厌高，水不厌深。周公吐哺，天下归心。"反映了曹操想尽快结束战乱、统一天下的宏伟志向。

《 广阔的胸襟 》

在曹操的诗中，气势最为雄浑的是那首脍炙人口的《观沧海》。这首诗是207年曹操北征乌桓、班师凯旋时所作。这时的曹操，已经擒吕布，平袁绍，挥师北上，扫平乌桓，基本上统一了北方。

曹操在归途中面对大海，以景寓情，以诗抒怀。这首《观沧海》以磅礴的气势充分地展示了这位伟大的政治家吞吐天地的豪迈胸襟。

前半段，曹操只用了24个字，就生动地描绘了一幅波澜壮阔的山水长卷，把登高临海所看到的动人心魄的景色，清晰地展现在读者面前："东临碣石，以观沧海。水何澹澹，山岛竦峙。树木丛生，百草丰茂。"

那大海的开阔、海岛的峙立和草木的繁盛，让人仿佛身临其境。

后半段："秋风萧瑟，洪波涌起。日月之行，若出其中；星汉灿烂，若出其里。"曹操以激昂的笔调，描绘了大海雄浑壮阔的磅礴气势。一阵萧瑟的秋风吹过，海面上涌起滚滚的波涛。日月运行仿佛出没于大海的怀抱之中，满天灿烂的繁星连同银河，似乎都落入了这广阔的大海之中。这波澜壮阔的海景，不正映衬出曹操那吞吐天地的豪迈胸襟吗？

曹操的这首诗是祖国壮美的河山与诗人的慷慨激昂完美结合的典范。

中华文明故事

文辞华美 千古留名

曹植（192年—232年），字子建，曹操的儿子，曹丕的弟弟。

在三曹之中，曹操是丞相、魏王，曹丕是一代天子，而曹植只不过是位藩王。但是论文学水平，曹植却居第一，被公认为建安文学的领袖。至今，人们仍然用"才如子建"来形容学识渊博的人。

曹植和曹丕是一母所生的亲兄弟，但曹植威胁过曹丕的王位，所以曹丕对曹植非常忌恨。曹植虽然在母亲的极力庇护下，勉强保住了性命，却终生抑郁，41岁就去世了。

曹植的诗词歌赋水平非常高，语言精练而词采华茂，传世诗歌有70多首，辞赋有40多篇。

其中《洛神赋》《铜雀台赋》《白马篇》都是千古不朽的名篇。这些作品意境之深远、文辞之华美、声韵之优雅、技巧之精纯都是一流的。

三曹之中，如果以文学水平排序，曹植居第一。南朝文学评论家钟嵘在《诗品》中，推崇曹植为建安文坛的领袖："陈思于文章也，譬人伦之有周孔，鳞羽之有龙凤，音乐之有琴笙。"

曹植

《 忧郁的情结 》

曹植的少年时代，正处于东汉末年军阀混战时期。在曹植的文学作品中不仅充满了对下层民众的同情，也反映了那个时代人们盼望战乱平息、国家安定的愿望。

在《送应氏》这首诗中，曹植为我们描绘了帝都洛阳战后的残破景象："步登北邙阪，遥望洛阳山。洛阳何寂寞，宫室尽烧焚。垣墙皆顿擗（pǐ），荆棘上参天。"

昔日的皇室宫殿早已荡然无存，只剩下断壁残垣。皇家园林也破败不堪，到处荆棘丛生。

曹植发现洛阳城中百姓在动乱中被杀掠殆尽，年纪较大的人已经很少能看到，只能看到劫后出生的小孩子了。他面对萧条的古城、荒芜的原野，发出了无限的感慨："不见旧耆老，但睹新少年。……中野何萧条，千里无人烟。念我平常居，气结不能言。"

《 远大的志向 》

曹植写下了许多不朽的诗篇，其中《白马篇》很有代表性。

诗的开头，曹植刻画了一位爱国志士的忠勇形象："白马饰金羁，连翩西北驰。借问谁家子，幽并游侠儿。"

在曹植笔下，这位武艺高强的少年英雄驰骋万里，所向无敌。"长驱蹈匈奴，左顾凌鲜卑。弃身锋刃端，性命安可怀？"

诗的结尾，曹植以雄健的笔锋，写出了这位少年英雄决心为国家血洒疆场的远大志向："名编壮士籍，不得中顾私。捐躯赴国难，视死忽如归。"

表面上看，诗人写的是边塞

曹植《白马篇》诗意

中华
文明故事

《 以美女自喻 》

曹操去世后，由于得不到哥哥曹丕和侄儿曹叡两任皇帝的信任，曹植的远大理想和爱国情怀一直没有展示的机会。

在曹植的作品中，有许多描写女性悲剧的诗篇，如《美女篇》《七哀诗》等。这些诗篇表面上写的是佳人美女天生丽质，却得不到世人怜爱的悲凉景象。其实，他是以比兴的手法表达自己内心的情怀。自己才学出众，却不被重用，英雄无用武之地，就像美人天生丽质却不被人怜爱一样。

在《美女篇》中，曹植以优美的词语描述了美女的形象，接着又以她青春貌美却独守空闺，暗喻自己年富力强，却不能为国家效力的悲愤之情："佳人慕高义，求贤良独难。……盛年处房室，中夜起长叹。"

这位美女光彩照人，却独处空闺，不正是诗人满腹才学、报国无门的真实写照吗？

《 神秘的爱情 》

在曹植流传后世的文学作品中，《洛神赋》和《铜雀台赋》的名气都很大。其中《洛神赋》通过美丽的梦幻境界，描写了一个人神恋爱的动人故事。

《洛神赋》的由来，有许多传说。两晋以来流行的说法是，曹植笔下的神女就是他的嫂嫂甄氏。最初，甄氏曾是曹植深深爱恋的美女，却阴差阳错地成了哥哥曹丕的妻子。更不幸的是，这位美丽、温柔的皇嫂，在其他妃子的妒忌和陷害下，最终被曹丕赐死。

晋人认为《洛神赋》所表达的正是曹植对这位昔日的恋人、后来的

洛神赋图摹本

皇嫂——甄氏内心深处的眷恋之情。

东晋著名画家顾恺之根据曹植的《洛神赋》，画出了中国绘画史上著名的《洛神赋图》。

在《洛神赋》中，曹植以优美的笔调对神女美丽的体态、高雅的风姿进行了动人的描述："翩若惊鸿，婉若游龙。荣曜（yào）秋菊，华茂春松。仿佛兮若轻云之蔽月，飘飖（yáo）兮若流风之回雪。远而望之，皎若太阳升朝霞；迫而察之，灼若芙蕖出渌（lù）波。"

这段描述被后人誉为描写美女的千古名句。曹植把洛神比作惊鸿，比作游龙，比作秋菊，比作春松，比作明月，比作回雪，比作朝霞中初升的太阳，比作美丽的出水芙蓉。

无论是谁，无论他有多高的文学水平，如果用现代语言把曹植的这段话翻译出来，就不再像原文那样声情并茂了。所以，我必须把原文呈现给读者，让大家一起来欣赏这些优美的句子。

接着，曹植更加深情地表达了内心深处对洛水神女无限的爱慕："余情悦其淑美兮，心振荡而不怡。无良媒以接欢兮，托微波而通辞。愿诚素之先达兮，解玉佩以要之。"后人大概就是因为曹植的《洛神赋》写得异常真挚，用情深如大海，才认定他寄托的是对昔日的恋人、后来的嫂嫂甄氏的眷恋之情。

最后，曹植写出了因为双方地位悬殊，只能怀着无限的爱恋、无比的深情与恋人含恨分别："恨人神之道殊兮，怨盛年之莫当。抗罗袂以掩涕兮，泪流襟之浪浪。……揽䮘（fēi）辔以抗策，怅盘桓而不能去。"

尤其"恨人神之道殊兮，怨盛年之莫当"两句，很容易让人联想到曹植与身为皇后的甄氏之间"人神之道殊"的事实，更容易让人联想到曹植与甄氏很可能有过"怨盛年之莫当"的恋情。

曹丕的皇后甄氏确实非常美丽，在史书上有明确的记载。甄氏被曹丕赐死，也是史实。曹植与甄氏之间是否真的有过恋情，今天已经无从查考了。然而这篇充满神话色彩的千古绝唱《洛神赋》，却让后人对传说中曹植与甄氏凄婉动人的爱情故事，留下了无限的遐想。

倡导文学　贡献杰出

曹丕（187年—226年），字子桓。220年，曹操病死后，曹丕继承了魏王、丞相之位。后来，曹丕又逼迫汉献帝举行了禅让大礼，自己当上了皇帝，改国号为魏，史称魏文帝。

论三曹的文学水平，曹丕排在末位。曹丕的诗赋，论雄健、深沉远不如父亲曹操，论典雅、清丽也远比不上弟弟曹植。所以钟嵘在《诗品》中评价曹丕的诗"鄙质如俚语"。

曹丕只当了6年皇帝就死了，享年不满40岁。尽管曹丕在文学上的

曹丕在中国文学上的成就，虽然比不上曹操和曹植，但是也非常重视文学创作。他在《典论·论文》中，第一个提出写文章是"经国之大业，不朽之盛事"。

成就远不如曹操和曹植，但曹丕模仿古乐府，描写男女爱情和别离之苦的作品还是很出色的。

刘勰在《文心雕龙·才略》中称赞他说"魏文之才，洋洋清绮"。也有学者认为，魏晋以来文学的唯美主义倾向就是从曹丕开始的。

曹丕在《典论·论文》中明确提出，一个人只要文章写得好，即使不借助史学家的文字，不依仗任何权势，照样可以流传后世。

曹丕还认为，人的寿命是有限的，富贵享乐也只是个人的事，两者都不能像好文章那样永久流传。所以，古代学者非常重视写作，把写文章作为立身之本。

曹丕还是中国文学史上第一个进行文学评论的人。曹丕的《典论·论文》是中国文学史上第一部文学理论与批评的著作，在中国文学批评史上占有重要地位。

曹丕的一生也不是一帆风顺的。他虽然很早就当上了五官中郎将和副丞相，但由于弟弟曹植和曹彰都很出众，他的地位一度岌岌可危，很晚才被确立为王世子。

曹丕先当魏王，后做皇帝，由于一直处于紧张状态，导致他只做了6年皇帝，40岁就英年早逝。

陈琳檄文传天下

建安七子的说法，最初出自魏文帝曹丕的《典论·论文》。"建安七子"指孔融、陈琳、王粲、徐干、阮瑀、刘桢、应玚七人，他们同三曹一样，也是汉末思想解放造就的文学大家。他们与三曹在诗、赋、散文三个方面，为后世文学的进一步发展做出了不可磨灭的贡献。

在曹丕列出的建安七子中，孔融名列第一。其实，建安七子在文学上各有所长，陈琳最具传奇色彩，才学当数王粲最高，而孔融的名气最大。

《讨曹檄文》

建安七子之中，最富传奇色彩的是陈琳。陈琳的文学作品虽然流传至今的并不多，保存完整的诗歌只有四首，但他的诗歌深受汉代古乐府的影响，很有特色。

陈琳（？—217年），字孔璋，广陵射阳（今江苏宝应）人，汉末文学家。陈琳最初是河北袁绍的幕宾，在官渡之战前，袁绍曾向全国散发讨伐曹操的檄文，《讨曹檄文》就是陈琳的手笔。

在这篇檄文中，陈琳从曹操的祖父大宦官曹腾骂起，连同他的父亲曹嵩和曹操在内，把曹家祖孙三代骂了个痛快。檄文传到许都（今河南许昌）时，曹操正患头痛病，看了陈琳写的檄文后出了一身大汗，头痛病顿时就好了。

当时曹操从病榻上一跃而起，问同族兄弟曹洪："这篇檄文是谁的手笔？"曹洪回答："是陈琳所写。"曹操对手下人说："陈琳的檄文写得确实不错，可惜还得看袁绍的武事如何。"

陈琳的文章写得很好，袁绍的武事却不济。官渡之战，袁绍兵败，

魏文帝曹丕在《典论·论文》中提出："今之文人：鲁国孔融文举、广陵陈琳孔璋、山阳王粲仲宣、北海徐干伟长、陈留阮瑀元瑜、汝南应玚德琏、东平刘桢公干，斯七子者……仰齐足而并驰。"

陈琳

陈琳被曹操逮住了。曹操问陈琳："你骂我也就罢了，怎么敢辱骂我的先祖？"陈琳回答说："箭在弦上，不得不发啊！"

手下人都劝曹操杀了陈琳，曹操却爱惜陈琳的才华，不仅没有杀他，还让他当上了军中从事官。

《饮马长城窟行》

陈琳的文学作品很多，可惜大都在战乱中遗失了，现存的作品中以《饮马长城窟行》最有名。

在这首诗中，陈琳先以悲壮、激昂的笔调，写出了塞北苦寒之地戍边将士的内心怨愤："饮马长城窟，水寒伤马骨。往谓长城吏，慎莫稽留太原卒！官作自有程，举筑谐汝声！男儿宁当格斗死，何能怫郁筑长城。"

接下来，他又借戍边将士和妻子的通信，展示了在长城服劳役给人民带来的深重苦难："边城多健少，内舍多寡妇。"在陈琳的笔下，好心的丈夫写信劝自己的妻子早日改嫁："便嫁莫留住，善待新姑嫜（zhāng）……"

多情的妻子回信责怪丈夫，丈夫只好违心地再次劝告妻子，自己身在灾祸之中，连性命都没有保障，实在不愿耽误别人，并嘱咐妻子，生了男孩不要养，生了女孩再用肉食喂养。

在重男轻女的时代，做丈夫的为什么让妻子只养女孩呢？陈琳写道："生男慎莫举，生女哺用脯。君独不见长城下，死人骸骨相撑拄。"因为男孩子养大了也会和自己一样死在战乱之中啊！

陈琳的这首《饮马长城窟行》，是一首运用汉乐府的形式反映当时社会现状的优秀作品。这首诗继承了汉乐府直白易懂、用词古朴的特点，也为盛唐时期的边塞诗开了先河。

王仲宣独步汉南

建安七子中，如果仅以才学而论，排在最前面的既不是曾经作檄文痛骂曹操的陈琳，也不是儿时让梨深受后人称颂的孔融，而是先投刘表后归曹操的王粲。

【 名门之后 】

王粲（177年—217年），字仲宣，山阳高平（今山东微山）人，汉末文学家。王粲出身名门望族，他的曾祖父王龚，在东汉顺帝时任太尉，祖父王畅，在汉灵帝时任司空，都位列三公，是当时的名士。王粲的父亲王谦，当过大将军何进的长史。王粲自幼饱读诗书，学识渊博，在汉末文坛上享有盛名。曹植在《与杨德祖书》中称赞王粲"昔仲宣独步于汉南"，把他列为建安七子之首。

不仅曹植十分看重王粲，汉末著名的文学家、书法家蔡邕对王粲也十分推崇。据《世说新语》记载：左中郎将蔡邕以才学著称于世，在朝中很有威望。王粲随朝廷迁徙长安，蔡邕见到他非常惊喜。

蔡邕当时是朝中重臣，他的居所车马盈门，宾客满堂。但是，听下人报王粲在门外求见，立即起身迎接，连鞋子都穿反了。等王粲被蔡邕迎进来，宾客们一看，来人年龄不大、身材矮小、容貌也差，全都十分吃惊，不明白蔡邕为什么看重这么一个其貌不扬的公子。蔡邕向众人解释说："这是王公（王畅）的孙子，有奇异的才能，连我也比不上他。我家的这些书籍文章都应该送给他。"

原来，王粲博闻强记，有过目不忘之才。他还擅长计算，通晓数学的奥秘。王粲尤其擅长写文章，才思敏捷，总是下笔成文、一挥而就，搞得常有人认为他的文章是事先写好的。

《 过目不忘 》

陈寿在《三国志·王粲传》中记载了两个王粲过目不忘的故事。

有一次，王粲与好友结伴同行，在路边看到一座石碑，上面刻着许多文字，王粲停下来，诵读石碑上的文字。同行的朋友想见识见识王粲过目不忘之才，等他读完了，就问他："你读了一遍，能不能把碑上的文字都背下来？"王粲回答说"能"。于是他转过身，背对着石碑大声背诵起来，众人与石碑上的文字对照，果然一字不差。

还有一次，王粲看人下围棋，棋局不小心被弄乱了，于是，王粲就重新把棋局摆了出来。人们都不相信，就用巾帕把棋局盖起来，让王粲再摆出这个棋局。结果，王粲又照样摆了出来。众人将他两次摆出的棋局相互对照，竟然没有半子之差。

《 怀才不遇 》

17岁那年，王粲被朝廷任命为黄门侍郎。当时正赶上董卓之乱，长安十分混乱，王粲没有应诏。后来，为了躲避中原地区的战乱，王粲前往荆州，投奔了刘表。

刘表喜欢结交文人名士，与陈翔、范滂、张俭等7人为友，号称"江夏八俊"。当时，中原战火还没有殃及荆楚，荆州还是一个文人雅士聚集的地方。因为王畅是王粲的祖父，而刘表是王畅的学生，所以王粲投奔刘表是很自然的事情。王粲当年就客居在荆楚重镇襄阳。

王粲出身名门，又是名扬四海的才子，但是因为身材矮小、其貌不扬，并没有得到刘表的重用。王粲在荆州住了十多年，虽然有安身之处，生活无忧，却一直没有机会施展自己的才能。

208年，刘表病逝，刘表的儿子刘琮在蒯越、傅巽（xùn）和王粲等人的劝说下率众归降了曹操。王粲的政治生涯出现了转机。曹操十分看

重王粲，任命他为丞相掾，并赐爵关内侯。魏国建立后，王粲又被任命为侍中，为曹魏政权的建立和巩固做了许多重要工作。

王粲的诗赋作品流传下来的有20余篇，代表作《七哀诗》和《登楼赋》，都是他背井离乡、避难荆州时所作，不仅对当时昏暗的社会现实进行了深刻的揭露，也是他内心情怀的真实流露。

《七哀诗》动人心弦

王粲的《七哀诗·西京乱无象》写得动人心弦。

作品的开头两句："西京乱无象，豺虎方遘患。复弃中国去，委身适荆蛮。"写出了董卓之乱给人们带来的深重灾难，诗人只得离开中原，到荆楚避难。接下来："亲戚对我悲，朋友相追攀。出门无所见，白骨蔽平原。"生动地描绘了亲友相送时依依不舍的情形和西京附近饿殍遍地的惨状。

接着，作者笔锋一转，以近距离的特写镜头讲述了一个悲惨的故事："路有饥妇人，抱子弃草间。顾闻号泣声，挥涕独不还。未知身死处，何能两相完？"作者实在不忍心听这位抛弃亲生骨肉的母亲那撕心裂肺的哭泣，赶紧策马离去。"驱马弃之去，不忍听此言。"把董卓之乱带来的"西京乱象"，清晰地揭露出来。

这首诗的结尾处是作品艺术性和思想性的完美结合。作者巧妙地拿汉朝开创"文景之治"的汉文帝的陵墓与现实中的长安进行了对比："南登霸陵岸，回首望长安，悟彼下泉人，喟然伤心肝。"昔日繁华的京城与今日长安的乱象，让诗人感慨万端，深刻领悟到自己和《诗经·曹风·下泉》的作者一样，都有"思念明主贤臣、盼望国家长治久安"的迫切心情。

《登楼赋》后世传名

王粲最具代表性的作品是《登楼赋》，怀才不遇而又思乡心切的王粲，登上麦城北门的城楼远眺家乡，写下了这篇传诵千古的名赋。王粲的《登楼赋》与曹植的《洛神赋》齐名，被后人合称为"两赋"。

这篇名赋分为三段。

第一段开头一句 "登兹楼以四望兮，聊暇日以销忧"。指明作者登上城楼远眺，原本是为了消愁解忧。接着，作者描述了麦城优越的地理位置和远处的壮丽景色："挟清漳之通浦兮，倚曲沮之长洲。背坟衍之广陆兮，临皋隰之沃流。"这座城挟携着漳水清澈的水流，倚临着弯曲的沮水的长洲。背靠着高平宽广的陆地，俯临田野隰原上的沃流，北边是陶朱公放牧的原野，西边是楚昭王栖息的陵墓。花果遮蔽着原野，谷物布满了田间。

面对壮丽的景色，作者却怎么也高兴不起来，"虽信美而非吾土兮，曾何足以少留！"作者直言尽管这里很美，但不是我的家乡，并不足以让我在此逗留。

第二段集中表达了作者内心深处的忧伤：我因战乱而流落到这里，已经十二个年头。"情眷眷而怀归兮，孰忧思之可任？"我深深思念着故乡，盼望回归，有谁能忍受这种思乡的忧愁呢！接下来，作者写道："凭轩槛以遥望兮，向北风而开襟。"靠着楼上的栏杆向远方遥望，面对着北风敞开衣襟。极目北方的原野，被荆山的高峰遮蔽。道路蜿蜒曲折，河水荡漾深邃。作者不由慨叹："悲旧乡之壅隔兮，涕横坠而弗禁。"作者列举了孔子等三位圣贤思乡的典故，发出了感慨："人情同于怀土兮，岂穷达而异心！"人们思念故乡的心情都是一样的，不会因为穷困或显达而有分别。

第三段是这篇赋的高潮。作者强烈地表达了以天下为己任，盼望太

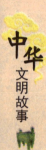

平盛世早日到来，才能得以施展的心情。

最后，作者以悲凉的笔调描述了傍晚的景色："风萧瑟而并兴兮，天惨惨而无色。兽狂顾以求群兮，鸟相鸣而举翼。"天上刮起了寒风，天色也暗淡了下来。野兽慌忙地寻找兽群，鸟雀鸣叫着展翅高飞。原野上一片寂静，只有征夫们行走不停。作者的心情凄凉而悲怆，充满了痛苦和忧伤，只好沿着台阶走下楼来，心中悲愤难平，直到半夜仍然辗转反侧，无法入睡。

王粲的《登楼赋》超越了一般的思乡之作，作者通过登楼远眺，不仅抒发了浓浓的思乡之情，倾吐了内心的悲伤愤慨，更重要的是，通过对山河景色、天气鸟兽的描写，表达了以天下为己任、希望能够建功立业的远大志向，不愧为千古名篇。

孔北海刚直殒命

在建安七子之中，名气最大的是孔融，这可能与家喻户晓的"孔融让梨"故事有关吧。

孔融（153年—208年），字文举，鲁国鲁县（今山东曲阜）人，是孔子的二十世孙。汉末文学家。他自幼聪明好学，年轻时就享有好学博览的盛名。东汉末年，孔融曾经当过北海相，讲武修文，安抚百姓，有平定天下的志向，所以人称"孔北海"。

孔融对曹操"挟天子以令诸侯"非常不满，经常在文章中对曹操冷嘲热讽。孔融写的《嘲曹公子纳甄氏书》和《难曹公表制酒禁书》，都属于这类作品。这两篇文章虽然都是嘲讽之作，却充分展示了孔融出众的才学和华美的文采。

204年，曹军攻下邺城，曹丕趁乱霸占了袁绍的儿媳妇甄氏。孔融知道了这件事情，故意给曹操写信说："武王伐纣，以妲己赐周公。"

曹操不明白这是对曹丕抢占袁家儿媳妇的嘲讽，还问此事出自哪家经典。孔融回答说："以今度之，想当然耳。"孔融这八个字的意思是，从曹丕强占甄氏这件事情上，可以推想当年武王灭商后，应该发生过把妲己赐给周公的事吧。

曹操这才明白孔融是在嘲讽自己，恨不得立即杀了他。只是当时孔融的名气太大，而曹操在朝中的地位还不够稳固，所以没敢下手。

《 强词夺理 》

由于连年用兵，加上灾荒严重，军粮缺乏，而当时的酒都是用粮食酿造的，所以曹操专门下了个禁酒令。孔融针对曹操的禁酒令，写了一篇《难曹公表制酒禁书》，在文章中列举了许多冠冕堂皇的喝酒理由。

孔融在文章中说，天、地、人都离不开酒，天上有"酒星"之像，地上有"酒泉"之郡，古人有"旨酒之德"。他列举了自古以来大量"以酒成事"的名人，从尧王到孔子都爱喝酒，汉高祖也是醉酒后斩白蛇起义推翻暴秦的，高阳酒徒郦食其更是因为喝酒才夺得齐国70多座城池，所以酒是不能禁的。

孔融给曹操的书信虽然有点强词夺理，但这封书信文辞之华美，用典之确切，的确令人拍案叫绝。曹操读了孔融的书信后，立即回书做了专门应答。为此，孔融再次回书进行了有力的申辩。

在第二封书信中，孔融没有再重申喝酒的理由，而是以冷嘲热讽的口吻巧妙地攻击曹操的禁酒令。

孔融在书信中说，徐偃王因为行仁义而死，现在并不禁绝仁义；燕

王哙因为退让而失去社稷，现在也不禁止谦退；鲁国因为崇儒而受到损害，现在也并不绝弃文学；夏朝和商朝都是因为妇人而失去天下的，现在也没有禁止结婚啊。曹操看到书信后又气又恨。

208年，曹操出兵讨伐刘备和孙权，孔融的一句话惹恼了曹操："以至不仁伐至仁，安得不败乎！"曹操在赤壁之战中确实败了，不过他在出征前就先杀了孔融。

在建安七子中，孔融以文笔犀利、刚直不阿独享盛名，陈琳以讨曹檄文流传后世，而王粲则以《登楼赋》和《七哀诗》奠定了他在文坛上的领军地位。按曹丕《典论·论文》中的评价，建安七子中的其他四位"北海徐干伟长、陈留阮瑀元瑜、汝南应场德琏、东平刘桢公干"，与这三位是"仰齐足而并驰"的。

然而，由于年代久远，史书上只记载了东平刘桢曾经因为目不转睛地注视曹丕那位美丽的夫人甄氏而被定罪。其他人的故事却没有流传下来，确实令人遗憾。

群雄并起淘淘沙
中原动乱响胡茄
三曹七子文坛春
王畏刘琨建奇功
谢安谈笑
书法艺术
绘画艺术攀高峰
酒文化源远流长
是东名士自风流

竹林七贤美名扬

竹林七贤美名扬

在魏晋时期，有七位名士比建安七子名气更大，这七个人就是著名的竹林七贤。

"竹林七贤"指的是嵇康、阮籍、山涛、向秀、刘伶、王戎和阮籍的侄儿阮咸。其中，嵇康和阮籍既是竹林七贤的领袖人物，也是魏晋玄学的代表人物。

魏晋玄学是魏晋时期出现的一种崇尚老庄的思潮，兴起于魏正始年间，被后世称为"正始之音"。魏晋玄学从王弼、何晏起始，嵇康、阮籍为其精神领袖。

因为魏晋玄学的代表人物嵇康、阮籍、向秀都是竹林七贤的重要成员，所以魏晋玄学也被称为"竹林玄学"。

遨游于竹林之中

魏晋玄学也称为"正始之音"，早期代表人物是王弼和何晏。王弼英年早逝，何晏被司马氏杀害。因此，以嵇康、阮籍和向秀为代表的竹林玄学就成了正始之音的代表。

因为嵇康、阮籍、山涛、向秀等七位名士曾经在河内山阳县（今河南焦作）云台山风景优雅的竹林中聚会，所以被后人称为"竹林七贤"。

竹林七贤在竹林中聚会的时间并不长，从248年开始，到252年就结束了，前后不过5年。

这段时间，嵇康名义上是魏国的中散大夫，却在家闲居，阮籍和山涛则刚刚辞了官，这就为竹林七贤提供了聚会的好机会。

在这段时间内，七贤在云台山的竹林中，饮酒赋诗，谈玄论道，讨论了许多重要的哲学问题。竹林玄学就是在这个时期形成的，竹林七贤的名声从此开始传扬。

249年"高平陵之变"后，曹魏政权实际上已操控在司马氏手中。

在那个血腥、动乱的年代，司马氏表面上尊崇两汉经学中"忠君爱国"的信条，背地里却千方百计地谋划篡权夺位。

司马昭表面上标榜"仁爱孝悌"，暗地里却挥舞着血淋淋的屠刀，曹魏王朝的小皇帝曹髦就是司马昭杀害的。

正像小皇帝曹髦所说，"司马昭之心，路人皆知"，司马氏卑劣的行径，摧毁了人们信奉的名教信条。残酷的现实，让人们彻底认清了董

竹林七贤在云台山的聚会是中国哲学史上的佳话。以嵇康、阮籍、向秀为代表的竹林玄学就是在这个时期形成的，并对中国古代的哲学思想产生了重要影响。

仲舒谶纬神学的欺骗性，竹林玄学就是在这样的背景下诞生的。

【 星落云散 】

司马懿父子表面上高唱仁义道德的赞歌，暗地里却干着弑君夺位的龌龊勾当，这本身就是对名教的亵渎。竹林名士们不仅在理论上对这种可耻的行为进行了讥讽和批判，在行动上也表现得十分清高，不愿意与他们同流合污。

但是，司马氏已经杀红了眼，不与他们合作是相当危险的。在严酷的现实面前，竹林七贤产生了分化。

嵇康因为拒绝与司马氏合作而惨遭杀害；阮籍、刘伶和阮咸三人为了保住性命，在朝中"不问世事，纵酒佯狂"；山涛、王戎和向秀则融入了当时的官场。

然而，七贤之间的友谊并没有断绝，哲学观念也没有多大改变。嵇康被杀，临终前把儿子嵇绍托付给山涛；阮籍因为嵇康被杀伤心过度，抑郁而死；向秀对嵇康无比怀念，写下了充满深情的《思旧赋》。

【 名传后世 】

竹林名士虽然喜欢在竹林之中过着枕青石、卧松冈、饮酒抚琴、放浪形骸的生活，但是，他们却不是远离尘世、寄情山水的隐逸之士。

尽管竹林七贤中有人常醉不醒，有人隐遁山林，有人被迫出仕做了西晋王朝的高官，有人慷慨悲歌却死在司马氏的屠刀之下，但他们的人品和才学深受文人雅士的尊崇。

尽管后世有人诋毁魏晋玄学，但竹林七贤的群体形象在人们的心目中是非常美好的。早在两晋南北朝时期，他们已经成为读书人尊崇和效仿的偶像了。

在险恶的政治环境下，竹林七贤虽然星落云散了，但竹林玄学却得到了发扬光大。嵇康、阮籍作为竹林玄学的领军人物，不仅提出了"非汤武而薄周孔，越名教而任自然"的全新哲学观念，而且留下了许多优秀的哲学作品和文学作品。

潇洒飘逸的嵇康

竹林玄学的领军人物是嵇康。

嵇康（223年—262年，或224年—263年），字叔夜，谯郡铚县（今安徽濉溪）人，是魏晋之际著名的思想家、文学家、音乐家。

因为嵇康当过曹魏的中散大夫，后人也称他"嵇中散"。嵇康一生著述很多，现有《嵇中散集》存世。

在竹林七贤中，论年龄，嵇康并不大；论官位，嵇康也不高。但无论是人品还是学问，他在七贤之中都是首屈一指的，是竹林名士的灵魂。

嵇康是竹林玄学的代表人物，曾经明确提出了"非汤武而薄周孔，越名教而任自然"的重要观念。他清高孤傲的品格、桀骜不驯的个性、潇洒飘逸的形象，为知识分子树立了榜样。

《 玄学名士 》

嵇康容貌俊伟，深得名士们的赞赏，传说他有"龙章凤姿，飘飘然有神仙之态"。由于他才华横溢，被公认为魏晋时期重要的学者、音乐家。

嵇康在《幽愤诗》中做过自我描写："抗心希古，任其所尚，托好老庄，贱物贵身，志在守朴，养素全真。"这段话表明了这位玄学名士崇尚老庄、志向高远的内心世界。

由于嵇康容貌俊美，学识渊博，所以深受曹魏皇室的器重，后来成了曹操的重孙女婿。嵇康的妻子是曹操的孙子沛王曹霖的女儿、小皇帝曹髦的姐姐。正是由于他与曹魏皇室的姻亲关系，更加深了司马昭对他的忌恨，导致他最终被司马氏杀害。

《 疾恶如仇 》

嵇康在文章中对打着名教旗号、干着卑鄙勾当的司马氏进行了无情的批判和辛辣的讥讽。

在《难自然好学论》中，嵇康以影射的手法深刻地揭露了司马懿父子三人"凭尊恃势，不友不师，宰割天下，以奉其私"的狼子野心。

司马氏通过血腥屠杀夺得政权以后，嵇康针锋相对地提出了"非汤武而薄周孔，越名教而任自然"的观点。实际上，嵇康并不是真的反对商汤和周武王，而是"借古讽今"，攻击自称"当代周公"的司马昭。

司马昭平时以周公自居，却阴险地指使手下杀害了曹魏王朝的小皇帝曹髦。所以，嵇康表面上说"非汤武而薄周孔"，其实针对的正是杀害小皇帝曹髦的伪君子——司马昭！

由于嵇康才学出众，司马氏最初还是想拉拢他的。然而嵇康清高孤傲，拒绝出仕，明确表达了自己坚决不与司马氏合作的态度。嵇康被杀其实是不可避免的。

《 拒绝出仕 》

中国历来就有沽名钓誉的假隐士，他们隐居山林，当朝廷召他们出来当大官的时候，这些人就立即露出了"官迷"的本来面目。

嵇康可不一样，他从心灵深处厌恶黑暗的官场。嵇康的好朋友——

山涛是司马昭任命的吏部尚书。山涛在升迁时，向司马昭推荐了嵇康，并且写信邀请嵇康同朝做官。嵇康给这位好友回了一封言辞激烈的书信，这就是著名的《与山巨源绝交书》。

在这封书信中，嵇康略带戏谑地提出了自己不能入朝为官的九个理由，其中有些理由纯粹是对司马氏的辛辣嘲讽。

嵇康拒绝当官的前三个理由非常有趣。第一个理由：我太喜欢睡懒觉了，早上叫我起床，我实在不能忍受。

第二个理由：我喜欢抱着瑶琴边走边唱，自由自在地在河边钓鱼，这时如果有官吏在旁边陪着，我实在不能忍受。

第三个理由就更加戏谑了：我身上虱子太多，又喜欢挠痒痒。让我穿一身官服，端端正正地坐着接待上司，手脚麻了都不能动，我实在无法忍受。

嵇康拒绝当官的最后两个理由才是问题的实质。一个理由是自己主张"非汤武而薄周孔"，会被世俗的礼教所不容；另一个理由是自己性情刚直，疾恶如仇，所以不能入朝为官。

嵇康的《与山巨源绝交书》，其实就是他决心不与司马氏合作的宣言，如果司马昭真的看过这封书信，嵇康被杀也就不足为奇了。

《 打铁泄愤 》

嵇康为人太刚直，他不愿接受朋友的好意入朝为官，主要是因为对司马氏极端不满。有不满总要发泄，名士们发泄内心不满的方式很多：有人长啸，有人痛哭，有人酗酒，有人怒骂。

嵇康发泄不满的方式非常特别，他喜欢用打铁来发泄胸中的不平之气。

嵇康辞官闲居后比较穷，他住的院子里有一棵大柳树。每年一到夏天，他就和好朋友向秀一起在树底下打铁，以此补贴家用。嵇康打铁可能是真的，但更主要是为了泄愤。作为辞了官的皇亲国戚，是不是真的穷到了必须以打铁来维持生计的程度，很值得怀疑。

但是，嵇康的死确实与打铁有关。

司马昭手下有一个宠臣钟会，人品不怎么样，趋炎附势。其实钟会也算有才学，也很看重嵇康。钟会曾写了一本《四本论》，很想让嵇康给指点指点。他拿着书到了嵇康家门口却不敢进去，担心自己的那点学问会被嵇康看不起。于是，他把书丢到嵇康家的大门里就离开了。

后来，钟会受到司马昭的重用，就高车华服前来拜访嵇康。这一天，嵇康打铁正在兴头上，突然看见钟会来访。嵇康本来就看不起钟会，懒得理他，只当没看见。

钟会尴尬地待了一会儿，见嵇康不理他，只好动身往外走。这时候，嵇康才幽默地问他："何所闻而来？何所见而去？"钟会回答得也很巧妙："闻所闻而来，见所见而去。"

鲁迅先生认为嵇康正是因为得罪了钟会，才给自己引来了杀身之祸。

《 玉山倾倒 》

嵇康是被人陷害而死的。

嵇康有个好朋友叫吕安，吕安的妻子徐氏很美丽。吕安有个老母亲，还有个禽兽不如的哥哥叫吕巽（xùn）。

事情的起因是这样的：哥哥吕巽调戏吕安的妻子徐氏，而吕母却偏袒哥哥，这样就引起了吕安对母亲的不满。吕巽却恶人先告状，告吕安对母亲不孝。

嵇康立即与吕巽绝交，并且为吕安作证。司马昭是个弑君夺位的阴谋家，但却是个标榜"以孝治天下"的伪君子。这次就以"不孝"的罪名，把吕安和嵇康双双处死了。其实，这是一个策划好的陷阱。

嵇康在文人名士中威信很高，他被判死刑的消息传出后，京师三千多名太学生集体为他鸣冤叫屈，并且声称要做他的学生，还有人表示要同他一起住监狱。这时候，钟会找到了报复的机会，别有用心地对司马昭说："嵇康可是条卧龙啊，不能让他活着。"

司马昭本来就记恨嵇康，又看到那么多太学生拥护嵇康，就更想除掉他。

嵇康临刑前，神情自若，他让哥哥拿来瑶琴，弹奏了著名的《广陵散》。然后，他遗憾地说："袁孝尼曾经想跟我学《广陵散》，我没有教给他，没想到这支琴曲从此竟成了绝响！"

名曲《广陵散》从那时起就失传了。现存的《广陵散》已经不是嵇康弹奏的古琴曲，而是后人重新创作的。

多年以后，那位和他一起打铁的好朋友向秀写了一篇著名的《思旧赋》，回忆了嵇康临刑前顾影弹琴、潇洒飘逸的神态："悼嵇生之永辞兮，顾日影而弹琴。"

嵇康清高孤傲的品格、桀骜不驯的个性，虽然导致了他的人生悲剧，但是却为中国知识分子树立了榜样，使他成为中国历史上极具魅力的玄学名士。

嗜酒疏狂的阮籍

竹林七贤中，与嵇康齐名的是阮籍。

阮籍（210年—263年），字嗣宗，陈留尉氏（今河南开封）人。阮籍的父亲是建安七子中的阮瑀。

阮籍学识渊博，擅长诗赋，精通音律，好酒贪杯，是一位多才多艺、风流潇洒的玄学名士，也是一位著述丰富、影响深远的文学家和思想家。

在竹林七贤中，阮籍仅比山涛小5岁，比其余的人年龄都大。阮籍比嵇康大13岁，比王戎大24岁。阮籍经历了魏晋两朝，因为他当过步兵校尉，后人也称他为"阮步兵"。

《 玄学名士 》

如果说嵇康"非汤武而薄周孔，越名教而任自然"的观念，把正始玄学提高到了一个新的高度，那么阮籍深沉、高洁的思想境界，已经达到了竹林玄学的顶点。

249年，司马懿发动了"高平陵之变"，何晏、桓范、夏侯玄等玄学名士相继被杀。此后，司马氏完全篡夺了魏国的军政大权。

司马氏表面上尊崇礼教、暗地里阴谋篡权的卑劣行径，彻底打破了阮籍对两汉经学的信仰，使他在思想上陷入极度的痛苦中。

阮籍时常独自驾着车漫无目的地随意游荡，直到无路可走了，才痛哭着原路返回。这正是他思想上彷徨的真实写照。最终，阮籍和嵇康一样，成了"越名教而任自然"的玄学名士。

阮籍在理论上比嵇康走得还要远，他在《达庄论》《大人先生传》中无情地批判了司马氏的虚伪和欺诈。他所写文章的激烈程度甚至超过了激扬飞越的嵇康。

《 嬉笑怒骂 》

在《大人先生传》中，阮籍用比喻和影射的手法，对掌握朝政的司马氏进行了辛辣的嘲笑和讽刺，把朝中当权的伪君子比作藏在人们裤裆深缝中的虱子。阮籍写道：这些"君子"，行，不敢离开裤缝；动，不敢走出裤裆。饿了就吃人肉，自以为可以永远享用。秋天，大火来临，当他们居住的城池被烧焦的时候，他们只能被烧死在裤裆之中。

这种对司马氏的嬉笑怒骂，对司马氏尊崇的"名教礼法"的辛辣嘲讽，可以说大胆到了极点。

为什么阮籍比嵇康激进得多，最终却能够寿终正寝呢？原因很简单：阮籍为人小心谨慎，在日常言谈中从来不针对任何人进行褒贬；嵇康被害以后，阮籍又以醉酒行事，尽量避免同司马氏发生直接冲突。

阮籍的《大人先生传》虽然把追随司马氏的伪君子们骂得痛快淋漓，但是谁也不愿意对号入座，让人知道阮籍骂的"裤裆之中的虱子"就是自己。再加上司马昭很看重阮籍的才学，因此，当权者对阮籍的嬉笑怒骂只好睁一只眼闭一只眼，装聋作哑罢了。

《 青眼白眼 》

阮籍平时虽然表现得"不遵礼法，狂放不羁"，但在为人处事上，却与嵇康的"刚肠疾恶，轻肆直言"完全不同。

阮籍深知讲人坏话会得罪人，到时候自己怎么死的都不知道；讲人好话也不行，讲好人的好话，就得罪坏人。嵇康就是因为替吕安说好话被杀的。

于是，阮籍好话、坏话都不讲。他讲出来的话都是远离时事的玄学哲理，从来不讲任何当世人物的好坏。

由于有话不讲出来，憋在心里太难受，所以阮籍经常在野外仰天长啸。至今，阮籍啸台的遗址尚存。

阮籍在《大人先生传》里骂人骂得比嵇康厉害得多，却因为没有人肯"对号入座"，承认阮籍文章中骂的是自己，再加上他每天醉醺醺的，清醒的时候不多，所以性命才得以保全。

阮籍并不是一个是非不分的人。他怕祸从口出，不肯评论时事，却会做"青眼白眼"：对那些虚伪的卑鄙小人，阮籍会"以白眼对之"，用今天的话说就是"翻白眼"；而对自己喜欢的人则会"青眼有加"，就是十分青睐。

因为魏晋时期并没有制定"用白眼珠看人有罪"的法律条文，所以遭了阮籍白眼的人也就只好自认倒霉了。

《 违心出仕 》

阮籍和嵇康一样对官场十分厌恶。在魏晋之际，社会异常黑暗，已经到了"名士少有全者"的危险程度。因此，是出仕为官还是终老山林，确实是摆在阮籍面前的一道难题。

由于阮籍名气大，在"高平陵之变"后不久，就被司马氏拉入了官场。阮籍既不愿意与司马氏合作，又不敢像嵇康那样和当权者对抗，他不得已才进入了官场。

阮籍先后当过散骑常侍、东平相。阮籍对做官不感兴趣，他当东平相时，居然骑了一头毛驴前去上任。到了东平郡府衙，阮籍竟然下令拆除了衙门的围墙，"使内外相望"。表面上看是儿戏，其实也是对当局的嘲讽，以表明自己不像某些人那样专门搞阴谋诡计。

后来，阮籍又担任了步兵校尉。据说，这个步兵校尉是阮籍找司马昭要来的。因为他听说步兵营中有个厨师擅长酿酒，他是冲着营中的美酒向司马昭要求当这个步兵校尉的。

阮籍本来有治理天下的才学，只是因为魏晋之际，政治黑暗，学者名士很少能保全性命，所以才故意每天喝得大醉，免得被别人陷害。后人普遍认为阮籍平时纵酒酣饮，并不是出自本心，而是在险恶的政治环境逼迫下的求生之术。

　　好友嵇康被司马氏杀害后，阮籍十分痛心。嵇康被害不久，这位每天以酒为伴、借酒消愁的名士也在悲愤交加中离开了人世。

　　嵇康被杀害，阮籍也病逝了，竹林玄学却流传了下来。竹林七贤的美名也流传了下来，他们在中国的思想史上，为我们留下了永不磨灭的光辉。

群雄并起

中原动乱

三曹七子

竹林

王导刘琨建奇功

谢安谈笑挽狂澜

书法艺术

绘画艺术

酒文化源

是东名士

王导 刘琨建奇功

竹林名士们星落云散之后，西晋王朝也走到了穷途末路。311年，西晋的都城洛阳被匈奴大军攻占，很快，这个专制王朝就灰飞烟灭了。逃往江南的皇室宗亲，在玄学后起之秀的帮助下建立了东晋。

宋代女词人李清照在金人入侵、山河破碎的情况下，用两位历史人物的英雄形象讽刺南宋投降派："南渡衣冠少王导，北来消息欠刘琨。"

王导和刘琨是什么人？他们有什么功绩值得李清照如此推崇呢？

原来，西晋灭亡之后，玄学名士王导力挽狂澜，帮助琅琊王司马睿在江南建立了东晋王朝。在西晋王朝面临危亡之际，刘琨率领一支小部队在并州孤悬敌后，坚持斗争十多年，为东晋王朝的建立和发展赢得了宝贵的时间。

名士王导建立奇勋

311年，西晋京城洛阳失陷了，晋怀帝被俘。不久，包括琅琊王司马睿在内，先后有五位司马家族的诸侯王渡过长江，逃到建康（今江苏南京），这就是历史上的"五马渡江"。

317年，在玄学名士王导的精心策划下，琅琊王司马睿在建康称帝，仍以"晋"为国号，历史上称为东晋。

《 江南三月三 》

王导（276年—339年），字茂弘，琅琊临沂（今山东临沂）人，是西晋太尉王衍的堂弟。琅琊王氏是当时中原地区很有影响的名门望族，竹林七贤中的王戎就是琅琊王氏家族的人。

晋怀帝时，司马睿被封为安东将军、都督扬州诸军事。

王导早已看出中原地区的局面已经没法收拾了，就力劝琅琊王司马睿早点出镇建康，经营江南。

司马睿刚刚到达建康的时候，江南的士族大姓根本就没有把这个皇室的诸侯王放在眼里。司马睿已经上任一个多月了，当地士族大姓没有一个人去拜访他，王导心里非常着急。

在江南，每年的三月初三是一个重要节日。王导就利用节日期间官员"与民同乐"的机会，上演了一场抬高司马睿皇族地位的"大戏"。

当时，琅琊王氏是公认的士族大姓，在全国很有威望。三月初三那天，司马睿坐着华丽的轿子出游，前面是王导、王敦亲自开路，后面是

王导是东晋王朝的开国元勋。东晋建国初期，朝中所有重大决策都出自王导。由于王导功勋卓著，东晋名士大都认为："中兴之功，导实居其首。"有人甚至把王导比作春秋时期齐国的贤相管仲。

王导刘琨建奇功

渡江南下的北方名士簇拥而出，故意显示出司马睿的尊贵地位。

看到这样的阵容，江南的士族大姓纷纷拜倒在司马睿的轿前。司马睿也趁机派王导到各名士家中登门拜访。从此，司马睿得到了江南士族大姓的支持。

《 王与马共天下 》

317年，在王导的精心策划下，司马睿正式登基，成为东晋的开国皇帝——晋元帝。

此时，当皇帝的虽然是司马睿，但是东晋政权却是在王导的竭力经营下建立起来的。因此，晋元帝司马睿在开国称帝的仪式上，竟然执意要拉着王导同登御座，一起接受文武百官的朝拜。这就是东晋立国时"王与马共天下"的来历。

这样一来，可把王导吓坏了，他一面极力推辞，一面诚恳地向皇帝进言："如果太阳和万物一样了，天下苍生怎么会朝拜太阳呢？"在王导的极力推辞下，司马睿才不再坚持。

《 管仲再生 》

王导慷慨、侠义的性格与嵇康非常相似。初到江南的时候，名士们相约在新亭宴饮。面对江南美景，大家想到山河破碎、国家倾覆，全都相视流涕，悲伤不已。只有王导慷慨激昂地说："我们应该团结一致，为国效力，收复神州，怎么能像楚囚一样坐在这里相对痛哭呢？"

听到王导那掷地有声的豪言壮语，所有在场的人都"收泪而谢之"，从心底里对他产生了深深的敬佩。

由此可见，王导不仅是一位玄学名士，还是一位深谋远虑的政治家。

刘琨手下的官员温峤渡江来到建康，看到东晋朝廷衰微，非常担心。当他和王导倾心交谈以后，那颗悬着的心就放下了。温峤从王导家里出来，竟然高兴地对人说："我刚刚见到了管仲，再也没有什么可担忧的了！"

温峤是一位很有才学和见识的政治家，他与王导只见了一面，就把王导比作春秋时期齐国的贤相管仲，可见王导确实不同凡响。

就这样，王导以自己渊博的学识和超凡的人格魅力，赢得了士族大姓们的衷心拥戴。

《 深得名士心 》

东晋建国初期，与北方诸多割据政权隔江对峙，形势十分危急。王导临危受命，先担任骠骑大将军，后又晋升为侍中、司空，与族兄王敦共同掌握东晋的军政大权。

王导与王敦虽然是同族兄弟，为人处事却大不一样。

王敦是个野心家，而王导却是一位"手执麈（zhǔ）尾，喜好读书"的玄学名士。王导胸怀治国良策，对东晋皇室也非常忠心，深得朝中名士的敬仰。东晋王朝——这个偏安江东的司马氏政权，就是在王导的精心治理下逐渐兴旺起来的。

《 为官清廉 》

东晋时期，无论是北方来的皇室官宦，还是江南本地的士族大姓，生活都十分奢华。王导却清廉、简朴，深受人们的称赞。

《世说新语·德行》中记载了这样一个小故事。有一个叫周镇的名士在临川担任郡守被罢了官，乘船返回京都。王导去看望他时，周镇的船正停泊在清溪渚。当时正是夏天，突然下起了暴雨，周镇的船很窄小，而且漏雨，船上几乎连坐的地方都没有。

王导看到周镇如此清廉，深受感动，感慨地说："人们都说胡威清廉，胡威哪里比得上周镇呢！"王导马上向朝廷反映了这件事，并推荐周镇担任了吴兴郡守。

两晋时期，士族大多崇尚奢华，像王导这样崇尚清廉的官员很少。而能像王导这样发现清廉的官员，立即上报朝廷并委以重任的高官就更少了。东晋能有这样的贤良之人辅佐，中兴是必然的。

【 刚正无私 】

王导对东晋王朝忠心耿耿，在关键时刻能刚正无私，顾全大局。

322年，晋元帝司马睿重用刘隗，排挤王氏宗族。王导的族兄大将军王敦利用手中兵权，以征讨刘隗的名义兴兵作乱。王导亲自带领王氏宗族20多人，每天早上在皇宫外谢罪。

晋元帝召见他的时候，王导对族兄王敦没有任何偏袒，只是谢罪。他对晋元帝说："逆臣贼子，哪个朝代都有，只是没想到竟出现在臣的族中。"

后来，王敦率军攻入建康，刘隗逃到北方，投奔了石勒。王敦虽然没敢动晋元帝，却提出要废掉皇太子司马绍，原因是司马绍太能干，王敦难以驾驭。

王导一身正气，坚决反对王敦废掉皇太子的叛逆行为。由于得不到王导的支持，王敦的阴谋没能得逞。

【 大义灭亲 】

不久，晋元帝忧愤而死，司马绍即位，是为晋明帝。当时王导辅政，王敦以为有机可乘，加紧了篡权的行动。王导却丝毫没有偏袒自己的族兄，为了国家大局对王敦进行了坚决反击。

当时王敦正在病中，就以他哥哥王含为元帅，在江宁南岸陈兵五万多人，准备进攻京城。

王导写信劝阻王含说："你今天的举动，和王敦当年一样，但形势却完全不同，当年佞臣（刘隗）乱朝，人心不定。当今圣上非常贤明，也没有过失。你怎么能反叛朝廷？"

王导一方面向王含表明了自己"宁为忠臣而死，不为无赖而生"的决心，另一方面部署兵力，坚决抵抗。

王导探知王敦病重，亲自率领王氏子弟为王敦"发丧"。将士们以为王敦真的死了，士气大振。当天深夜，王导命令将军段秀、中军司马曹浑率领千余人马渡江偷袭，把王含打了个措手不及。

王敦听到消息，连惊带吓，不久真的病死了。在王导的策划下，王含父子兵败被杀，王敦被戮尸示众。王导确实做到了大义灭亲。

王导虽然长期掌握着东晋的军政大权，但他深受竹林名士的影响，处处以国家大局为重，没有丝毫专权篡位的野心，所以深受人们的敬仰。

西晋刘琨名传千古

乱世出英雄。西晋末年，还有一位爱国志士——刘琨。

刘琨（271年—318年），字越石，中山魏昌（今河北无极）人，是西晋时期重要的军事家和诗人，还是中国古代富有传奇色彩的一员儒将。

刘琨从小立志报国，他是西晋的爱国志士，也是历史上极富传奇色彩的儒将。刘琨不仅能征惯战、文武双全，而且还是一位很有名气的音乐家。

史书上说，刘琨年轻的时候是个"花花公子"。其实，刘琨虽是西晋权臣贾谧的"二十四友"之一，曾在石崇的金谷园中吟诗作赋，然而，他更是一位"以天下为己任"的少年志士。

刘琨与祖逖年轻时都以豪侠闻名，他俩同时被朝廷任命为"司州主簿"，两人同住一室，都立志为国家建功立业。

闻鸡起舞

每天凌晨雄鸡一叫，刘琨和祖逖就起床练习击剑。成语"闻鸡起舞"就出自刘琨与祖逖的故事。

刘琨在写给亲友的一封信中说："我每天枕戈达旦（枕着兵器等待天亮），总想着消灭敌寇，报效国家，经常担心我会落到祖逖后面。"从此，就有了成语"枕戈待旦"。

"闻鸡起舞"和"枕戈待旦"，正是刘琨年少时胸怀天下的真实写照。

《 转战并州 》

西晋末年，北方游牧民族南下，战乱频仍，国家处于危难之际。307年，刘琨被任命为并州刺史，率领一支一千多人的部队，从京城洛阳出发，翻越太行山，一路长途跋涉，艰苦转战，前往并州（今山西太

中华
文明故事

原）赴任。

《晋书·刘琨传》对这次转战并州有如此记载："寇贼纵横，道路断塞，琨募得千余人，转斗至晋阳。"令人欣慰的是，刘琨的诗作《扶风歌》，生动地描述了这次艰苦而危险的长途行军。

这篇《扶风歌》气势雄浑，感情真挚，没有半点矫揉造作之情，被后人公认为魏晋诗坛上的绝品。

作者首先抒发了自己率军远征的慷慨情怀和潇洒儒雅的风姿："朝发广莫门，暮宿丹水山。左手弯繁弱（指良弓），右手挥龙渊（指佩剑）。"

紧接着，作者笔锋一转，深情地描述了踏上征途时回望洛阳，离京师渐行渐远的悲壮情景和内心对国家前途命运的深深担忧："顾瞻望宫阙，俯仰御飞轩。据鞍长叹息，泪下如流泉。"情真意切，催人泪下。

之后，作者描述了自己率领这支部队在崇山峻岭间宿营的情景，表达了内心深处思念家乡、思念亲人的彻骨之痛："系马长松下，发鞍高岳头。烈烈悲风起，泠泠涧水流。挥手长相谢，哽咽不能言。浮云为我结，归鸟为我旋。去家日已远，安知存与亡？"

全诗的结尾，作者借西汉大将李陵作战失利、不被理解的往事，表达了对自己远赴并州、前途未卜的担忧："惟昔李骞期，寄在匈奴庭。忠信反获罪，汉武不见明。我欲竟此曲，此曲悲且长。弃置勿重陈，重陈令心伤！"

每当读到"我欲竟此曲，此曲悲且长"的时候，总会隐隐地让人感到，作者或许已经预感到自己将埋骨边陲，再也无法返回京师。

刘琨的这首《扶风歌》，从词句上品赏，声情并茂；从情志上品赏，感人至深。因此，这首诗在魏晋六朝诗坛上影响很大。

《 经营晋阳 》

刘琨经过半年的转战，最终率领着这支千人部队到达并州的首府晋阳。

面对残破的城池和饥饿的百姓，刘琨并没有灰心。他一方面组织百姓耕种田地，恢复生产；另一方面招募军队，修复城垣，保卫家园。

在刘琨的苦心经营之下，人心很快安定下来，晋阳城也成了巩固的敌后根据地。

当时，刘渊建立的匈奴政权，都城就在距晋阳仅150千米的离石，骑兵早上出发，晚上就能到达。刘琨审时度势，与鲜卑首领拓跋猗卢结成同盟，坚守晋阳孤城。

《 英雄末路 》

刘琨孤军坚守晋阳，身经百战，十多年间，多次打退强敌刘渊和石勒的大举进攻，使得匈奴无暇南顾，为东晋在江南立国争取了宝贵的时间。

316年，石勒攻打乐平，乐平太守韩据向刘琨求救。刘琨手下大将姬澹劝刘琨谨慎从事。当时西晋皇帝被俘，战事吃紧，刘琨急于杀敌报国，没有采纳姬澹的建议。

刘琨不顾个人安危，亲自率中军，以大将姬澹率步骑兵两万为先锋，攻打石勒。他心里只想着一举获胜，为国家靖难。不料，石勒却占据了险要地势，设下伏兵，姬澹陷入重围，全军覆没。刘琨也大败而还，陷入困境。

此前，幽州刺史、鲜卑左贤王段匹磾（dī）曾多次写信邀请刘琨。318年，困境中的刘琨率领部下从飞狐关进入蓟州，与段匹磾结为兄弟，准备东山再起。

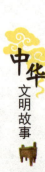

中华
文明故事

不幸的是，刘琨的儿子却卷入了鲜卑内讧，刘琨被段匹磾软禁起来。正在这时，东晋发生了王敦叛乱的事件，王敦知道刘琨忠于皇室，于是派人传密信让段匹磾杀了刘琨。

刘琨死的时候只有48岁，用杜甫赞颂诸葛亮的名句"出师未捷身先死，长使英雄泪满襟"来形容刘琨，再贴切不过了。遗憾的是，刘琨这位爱国志士最终没能得到应有的荣誉。

《 胡笳退敌 》

刘琨不仅文武双全，而且精通音律，他曾创作了《登陇》《望秦》《竹吟风》《哀松露》《悲汉月》五首古琴曲，这就是著名的《胡笳五弄》。这组古琴曲融入了北方游牧民族的音调，谱写了北方荒漠苍凉的景色，抒发了诗人内心的爱国之情。

刘琨的《胡笳五弄》一直流传到唐代，唐代音乐家还对这五首琴曲进行过修订，并编入唐人的琴谱集中。现存唐代音乐家手书的《幽兰》，文字曲谱后面赫然列

一曲胡笳救孤城

着"刘琨"。可惜的是，曲谱的内容已经散佚。也许若干年后在某个喜欢音乐的唐人墓穴中，真的会发现这本珍贵的琴谱呢！

刘琨擅长吹胡笳，他刚到晋阳不久，曾被数万名匈奴大军围困，形势十分危急。如果仅凭手中的几千人马与敌军硬拼，必然兵败城破。刘琨一面布置士兵严密防守，一面修书调集援军。过了好几天，援军迟迟未到。晋阳城陷入内无粮草、外无救兵的困境，城中军民惊恐万分。

晚上，刘琨登上城楼，俯瞰城外的敌营，苦苦思索对策。忽然，他想起了楚汉相争时"四面楚歌"的故事，于是，刘琨下令把会吹胡笳的军士全部集中起来，组成了一支胡笳乐队。夜幕降临，城上突然响起了凄婉、哀伤的胡笳声，引起了匈奴士兵的思乡之情。待到天明，刘琨登城远眺，匈奴大军已经撤退了。

《 文学泰斗 》

刘琨《重赠卢谌》诗意

刘琨年轻时以文才著称，与陆机、左思等大文学家同为贾谧的"二十四友"，经常在金谷园中饮酒赋诗。遗憾的是，刘琨那个时期的作品没能流传下来，流传至今的诗作都是刘琨在并州军旅中的作品。

刘琨的作品虽然流传下来的不多，但是后人对他的诗作评价相当高。南朝钟嵘在《诗品》中把刘琨的诗列为上品，说他的诗"善为凄戾之词，自有清拔之气"。

刘琨著名的诗有两首，一首是当年翻越太行山时所作的《扶风歌》，另一首就是晚年被困幽州时所作的《重赠卢谌》。这两首诗都慷慨悲凉、气势雄浑，具有建安文学的傲岸风骨。

刘琨的《重赠卢谌》作于318年他被害前夕。这首诗的内容是激励名士卢谌，希望他能像前辈先贤姜尚、邓禹、陈平、张良那样，辅佐段匹磾为国家建功立业。

这首诗最后两句"何意百炼钢，化为绕指柔"，被后人奉为千古名句。此时诗人率军孤悬敌后，身经百战，已经成为一员百炼成钢的儒将。这两句诗正是这位爱国志士临终前最后的心愿"化为绕指柔"——重新取得段匹磾对自己的信任，为国家再做贡献。只可惜，他再也没有机会了。

金代著名诗人元好问对刘琨的文才武功极为推崇，他在《论诗绝句》中曾写诗称颂刘琨："曹刘坐啸虎生风，四海无人角两雄。可惜并州刘越石，不教横槊建安中。"

是东晋名士自风流

酒文化源远流长

绘画艺术未攀

书法

谢安

王虞刘琨建贲

竹林七贤美名扬

三曹七子文坛秀

中原动乱响胡笳

群雄并起浪淘沙

谈笑挽狂澜

谢安

　　东晋有一位名臣，他的文韬武略不在诸葛孔明之下，他就是东晋宰相谢安。

　　唐代大诗人刘禹锡写过一首《乌衣巷》："朱雀桥边野草花，乌衣巷口夕阳斜。旧时王谢堂前燕，飞入寻常百姓家。"

　　这首诗中的"王谢"，指的就是东晋的两位玄学名士——王导和谢安。

　　东晋建立初期，贡献最大的是王导。王导死后，桓温掌握了东晋的军政大权。桓温死后，陈郡谢氏就成了东晋王朝重要的支柱，谢安也就成了关键时刻力挽狂澜的功臣。

中华
文明故事

《 玄学世家 》

谢安（320年—385年），字安石，陈郡阳夏（今河南太康）人，东晋孝武帝时的辅佐大臣。谢安不仅是一位很有魄力的政治家，还是一位著名的玄学名士和书法家。

谢安的父亲谢裒（póu）也是晋朝的玄学名士。他的伯父谢鲲更有名气，因为崇尚玄学、推崇嵇康和阮籍，而名列"江左八达"。因此，谢安从小就深受玄学思想的影响。

谢安入朝为官，让内忧外患的东晋王室得到了一位可以与诸葛孔明相媲美的贤臣。谢安最大的功绩就是取得了淝水之战的重大胜利，为江南地区科学技术与文学艺术的发展赢得了一个稳定安宁的社会环境。

所谓"江左八达"，就是崇尚玄学，以竹林七贤为榜样，处处效仿他们的东晋八位玄学名士，即王尼、胡毋辅之、谢鲲、阮放、毕卓、羊曼、桓彝、阮孚八人。

《 东山再起 》

谢安从小聪明好学，年轻时就以渊博的学识和风流儒雅的气度而闻名朝野。由于深受玄学思想的影响，谢安并没有入朝为官的愿望，40岁时还隐居在东山上，同王羲之等好友流连于江南的青山绿水之间，过着飘逸潇洒的名士生活。

谢安很有才，曾被聘请担任过著作郎。不过这个官谢安只做了一个月，就借口有病返回了东山。之后，朝廷又多次征聘他入朝为官，都被他婉言谢绝了。

因为谢安才名很高而不愿出仕，文人士子们竟然发出当年刘备三顾茅庐、恳请诸葛亮出山时的感叹：安石不肯出，将如苍生何！意思是谢安不出山，天下的老百姓怎么办呢？

后来，大将军桓温聘请谢安出任司马，谢安终于答应了。朝中之人到场相贺，中丞高崧还开玩笑说："您多次拒绝朝廷的征聘，高卧在东山上，人们总是说，安石不肯出山，天下百姓怎么办呢？现在安石出山了，天下百姓又怎么对安石呢？"

这虽然只是玩笑话，弄得谢安很难堪，却说明谢安在踏上仕途之前威望就已经很高了。

谢安出山，有一个重要原因：359年，谢安的兄长谢万因为用兵失误，被朝廷罢了官。为了保住谢氏家族在朝中的地位，谢安只得答应桓温入朝为官。这一年，谢安已经41岁了。

因为谢安年轻时当过著作郎，后来隐居东山，所以人们就把他这次重新受聘称为"东山再起"。从那以后，汉语中就有了"东山再起"这个成语。

《 临危不惧 》

372年，东晋简文帝司马昱（yù）病死，桓温陈兵于简文帝的山陵，派人叫王坦之和谢安前来相会。当时传言，桓温想趁机除掉王坦之和谢安，以便夺取司马氏的天下。

王坦之是王羲之的族兄，在性命攸关之际，他很害怕，表现得非常紧张，问谢安怎么办。谢安毫无惧色地回答说："晋朝的天下，在此一行。"他大胆地与王坦之前往新亭去见桓温。

当时，简文帝的山陵杀气冲天，桓温的士兵就埋伏在墙壁后面，只等桓温一声令下，就冲出来大开杀戒。

王坦之吓得浑身是汗，连笏都拿反了。谢安却毫不惊慌，神色自若地对桓温说："我听说有道的诸侯，都把士兵布置在边境上，您怎么把士兵布置在墙壁后面呢？"谢安的沉着、冷静，挫败了桓温的阴谋，直到酒席散了，桓温最终没敢对谢、王二人下手。

此事件之前，在朝廷大臣和名士们的心目中，王坦之和谢安两个人是齐名的，但经过这次事件，谢、王二人就分出了高下。

桓温临终前还一再叮嘱弟弟桓冲，一定要和谢氏家族搞好关系。桓温死后，两家关系相当融洽。这不仅因为谢安处事光明磊落、胸怀宽广，也因为桓冲听从了桓温的忠告，没敢与谢氏发生冲突。正因为桓、谢两家齐心合力，才取得了淝水之战的决定性胜利。

《 治国良相 》

桓温死后，谢安掌管了朝政。当时，北方的氐族政权——前秦对东晋虎视眈眈，边境上紧急军情接连不断，多个州郡都陷落敌手。

面对困境，谢安实施了一系列使国家安定团结、人民安居乐业的仁政。他对内实行以"和靖"为主的治国策略，使东晋上下一心，国力日渐强盛；对外实施长远的战略方针，虽然边境战事频繁，但并不操之过急，而是积蓄力量，准备抵御侵略。

谢安当政，对普通百姓总是宽仁为怀。朝廷下令整顿户籍，搜寻流失的士兵，许多人四处逃亡，有人逃到山上，有人隐匿湖中，还有不少人就藏在京师秦淮河南塘的船中。

当时，有人建议在京师展开大搜捕。谢安坚决反对，他幽默地对提建议的官员说："你所忧虑的是些'客人'，如果京城连这些'客人'都不能容纳，还怎么做京城呢？"由于谢安对老百姓采用宽容政策，极大地缓和了东晋王朝与下层民众的矛盾，稳定了社会秩序。

谢安执掌东晋朝政时期，始终实施宽容的治国方略。在他当政的十多年间，东晋上下一心，将相和睦，人民安居乐业，为抵御强大的北方政权打下了坚实的社会基础。

《 前秦崛起 》

符坚

357年，符坚登上了前秦的皇位。符坚是一位很有作为的皇帝。

符坚即位不久，就任命汉族名士王猛为谋主。王猛是一位杰出人物，深受符坚的器重，官职从尚书左丞一直升到司徒、录尚书事的要职，执掌了前秦的军政大权。

在王猛的精心策划下，符坚率领大军西征北伐，所向披靡，很快就占领了黄河流域，接着又扫平了西域三十六国，把前秦变成了一个以中原大地为中心，东及沧海，西并龟兹，南临大江，北尽沙漠的强大而辽阔的多民族政权。

到376年前后，没有纳入前秦版图的就只剩下偏安江南一隅的东晋王朝了。

375年，王猛病重，他深知被征服的北方各部族都各怀异心，时刻想着独立。临终前他叮嘱符坚："东晋虽然地处僻陋，但继承的是华夏正统，不要轻易征伐。"

然而，此时的符坚已经被胜利冲昏了头脑，根本就没把王猛的话放在心上。

378年，符坚的儿子符丕率领七万大军南征襄阳，经过一年的合围，379年终于攻占了襄阳，俘获了襄阳刺史朱序。接着，又攻陷了彭城和淮阴。于是，符坚厉兵秣马，准备渡过长江天险，灭掉东晋。

中华
文明故事

《 举贤不避亲 》

面对北方强敌的猖狂进攻，东晋王朝下令征召文武兼备、抵御强敌的良将。谢安不顾众人的非议，毅然推荐自己的侄子谢玄为兖州刺史，负责江北的军事。

中书郎郗超历来与谢玄不和，听到这个举荐却叹服道："谢安不怕触犯众怒，在危亡之际举荐自己的亲侄子，确实英明啊！"

当时许多人都不赞同郗超的看法，郗超却说："我和谢玄一起在桓将军幕府共事，见识过他的才干。谢玄很会用人，即使是一些细小事务，也处理得非常恰当。所以，我知道他一定能成功。"在谢安的举荐下，朝廷任命谢玄为建武将军，全面负责江北军事。

谢玄上任后，仔细分析当时的形势，由于东晋军队缺乏战斗力，他招募勇士，组成了著名的"北府兵"。谢玄招募的人大多是从北方逃到江南的农民，他们背井离乡，历尽磨难，有着北上抗敌、重返故乡的强烈愿望。经过一段时期的严格训练，北府兵很快就成为一支能征善战的劲旅。谢玄任用猛将刘牢之率领这支精兵与敌人周旋，多次打败入侵的前秦军队。

《 投鞭断流 》

382年，苻坚集合众将商议南征，以便实现他"消灭东晋，统一天下"的宏图大业。

志得意满的苻坚认为，以自己麾下的百万大军，吞并江南、灭掉东晋实在是太容易了。他骄傲地说："我率百万大军，只要把马鞭子投入江中，就足以使大江断流了，何愁长江天险不破！"这就是成语"投鞭断流"的来由。

从表面上看，双方力量悬殊。前秦苻坚拥兵近百万，而东晋能投入战争的兵力只有区区十几万人，因此，前秦在军事上占有绝对优势。

实质上，双方形势各有利弊。东晋在外敌威胁之下空前团结，一致对敌。前秦军队多是由刚刚臣服的北方各部族组成，他们各怀异心。因此双方胜负很难预测。

383年，苻坚亲自率领前秦87万大军，对外号称百万，准备一举攻占江南。晋孝武帝面对强敌，任命谢安为征讨大都督。在国家危难之际，谢安义不容辞地担负起抗敌保国的重任。

《 运筹帷幄 》

谢安作为东晋的中兴名臣，他潇洒飘逸的风度、超群出众的才华、深谋远虑的计谋，都表明他是魏晋之际杰出的人物。可以说，除了三国时期的诸葛孔明，恐怕没人能与之相比。

晋孝武帝在谢安的建议下，任命桓冲为江州（今湖北东部和江西西部）刺史，控制长江中游，阻遏前秦军队经襄阳南下。任命谢玄为前锋都督，统率经过七年训练、战斗力较强的8万北府兵，沿淮河布防，遏制秦军主力。

接着，又派遣胡彬率领水军5000人，增援战略要地寿阳（今安徽寿县），摆开了与前秦大军决战的阵势。

淝水之战前夕，由于秦军前锋已经到达淝水岸边，东晋的京师建康处于极度恐慌之中。而身为征讨大都督的谢安却泰然自若，毫不惊慌。

当时，担任前敌指挥重任的谢玄问谢安有什么安排，谢安对他说："朝廷另有旨意。"结果是什么也没问出来。

谢玄非常担心，只好又派副手张玄出面再去请教谢安。谢安并不跟张玄谈论战事，却邀请他到东山的别墅游玩。

在谢安的东山别墅中聚集了许多名士，张玄想问军事上的事，却苦

于找不到机会。

谢安请张玄陪他一起下围棋，并以别墅做赌注。张玄是个下棋高手，平常跟谢安下棋，他总是赢的。这一天，张玄担心淮河上的战事，根本没心思下棋，所以连别墅都输了。

下完了棋，谢安又邀请大家一起赏玩东山美丽的风景，人们游玩了一天，直到天黑才回家。

这天晚上，谢安把谢石、谢玄等将领都召集到自己家里，把每个人的任务一件件、一桩桩都做了详细部署。大家看到谢安镇定自若，都信心百倍，高高兴兴地回军营备战去了。

桓冲在荆州探听到形势十分危急，专门拨出三千精兵到建康保卫京城。谢安对派来的将士说："我这儿一切都安排好了，你们还是回去加强西面的防守吧。"

桓冲手下的将士回到荆州，把谢安的话告诉了桓冲，桓冲还是十分担心。他对手下人说："谢公的气度确实叫人钦佩，但他根本不懂得打仗。敌人眼看已经打到国门了，他还那样悠闲自在。兵力那么少，又派没经验的年轻人去指挥作战，看来我们要遭难了。"

桓冲想错了。由于谢安杰出的战略部署，东晋最终以弱胜强，以区区8万人马战胜了前秦苻坚的87万大军。

决胜千里

383年，前秦苻融率领秦军前锋攻占寿阳，生擒了东晋平虏将军徐元喜。与此同时，慕容垂部也攻占了郧城（今湖北郧县）。东晋胡彬率领的5000人马前往增援寿阳，半道上得到了寿阳失陷的消息，只好退守硖石。

苻融又率领秦军尾随而来，攻打硖石，并在洛口设置木栅，阻断了淮河上的交通，以遏制前来增援的晋军。

胡彬困守硖石，内无粮草，外无救兵，只好写信请求谢石派兵增援。不料，求援信却被前秦截获。苻融立即向苻坚报告了晋军兵力单薄、粮草缺乏的情况，建议苻坚迅速进兵。苻坚亲自率领8000骑兵到达寿阳，准备向东晋发起总攻。

东晋前锋都督谢玄派猛将刘牢之率领5000北府兵奔赴洛涧，前秦大将梁成在洛涧边上列阵迎击。刘牢之分兵一部迂回阵后，阻敌归路，自己率精兵从正面发起猛攻。前秦军队腹背受敌，抵挡不住，主将梁成阵亡，步骑兵5万人马土崩瓦解。洛涧遭遇战使前秦兵锋遭受重挫，极大地鼓舞了晋军的士气。

秦晋两军主力隔淝水对峙，谢玄在寿阳城北的八公山上遍插旌旗，布置疑兵。苻坚向南望去，以为山上的草木皆是晋兵，十分惊异。对苻融说："这明明是强敌，怎么说他们不堪一击呢？"这就是成语"草木皆兵"的由来。

谢玄知道晋军兵力单薄，只能速战，不能持久。于是便派遣使者给苻坚下战书："将军率领军队深入晋地，却沿着淝水布阵，这是想打持久战，不是速战速决的方法。如果您让大军稍稍后撤，空出一块地方，使我军渡过淝水，两军决一胜负，不是很好吗？"

秦军中有人认为这是晋军的诡计，劝苻坚不要上当。苻坚却认为，待晋军"半渡而击之"，必能大获全胜。于是，他便答应了谢玄的要求，指挥秦军后撤。

前秦大军本来就各怀异心，后撤一开始就阵脚大乱。被俘的东晋襄阳刺史朱序乘机在前秦的军阵后面大声喊："秦军败了！秦军败了！"前面的秦军信以为真，纷纷争相逃命。东晋军队在谢玄的指挥下，乘势抢渡淝水，向秦军发起了猛攻。

符融见大事不妙，骑马返回，想稳住退却的士兵，结果马被乱兵撞倒，追来的晋军手起刀落，符融一命呜呼。秦军失去了主帅，越发乱了阵脚。

前秦大军全线崩溃，晋军乘胜追击。秦军自相践踏，死者无数，活着的人听到刮风的声音和仙鹤的鸣叫，都以为是晋兵追上来了，更加没命地向北逃窜。这就是成语"风声鹤唳"的由来。

淝水之战，秦军大部分被歼灭，苻坚中箭负伤，仓皇逃回了淮北。不久，前秦就灭亡了。

而东晋则趁机北伐，把边界推进到黄河，此后数十年东晋再无战事。

《 雅量至高 》

大战结束，谢玄派人向谢安报捷。战报送到的时候，谢安正在家中和客人下围棋，他拿过捷报看了看，顺手就丢在了一边，什么话也没说，继续下棋。

客人猜想可能是淝水战场的消息，就问他："淮上的战事怎么样了？"谢安轻描淡写地说："孩子们把敌人打败了。"言谈举止同往常一样平静。

淝水之战，是中国古代战争史上"以少胜多、以弱胜强"的典型战例，无论历史意义还是战略意义，都远远超过了赤壁之战。

淝水之战，东晋以区区8万人马一举击溃了前秦87万大军，导致了前秦的灭亡。而在赤壁之战中，曹操的大军只是受到重创，后果远没有这么严重。

淝水之战中，在前线冲锋陷阵的是谢玄，而运筹帷幄的是谢安。

尽管谢安远不如诸葛孔明名气大，但无论是治国能力还是军事战略，谢安都不逊于诸葛孔明。

《 急流勇退 》

淝水之战的胜利，使陈郡谢氏荣耀无比。谢安晋升为太保、庐陵郡公，都督扬、江、荆、司、豫、徐、兖、青、冀、幽、并、宁、益、雍、梁十五州军事。谢石被封为南康郡公，谢玄被封为康乐县公，谢安的儿子谢琰被封为望蔡公。谢氏一门四公，荣耀非常。

历来帝王都怕手下的重臣位尊权重，威胁自己的皇位，晋孝武帝也不例外。尽管谢安在朝中小心谨慎，诸事退让，然而皇室对谢氏家族仍然有所猜忌。不久，晋孝武帝开始重用皇室宗亲——自己的同母弟弟司马道子，谢氏族人一再受到排挤。

此时，北方的强敌——前秦已经溃败。为了顾全大局，谢安以养病为由主动离开了都城建康，迁居广陵。谢玄结束了北伐，以生病为由退出了东晋的权力中心。

谢安作为玄学名士，始终恪守玄学理念，只有隐居山野之念，没有篡权的政治野心。

385年，谢安在广陵病故。不久，谢玄也因病回到会稽（今浙江绍兴），这位淝水之战的功臣在优美的湖光山色中营造了一座别墅，在那儿颐养天年。388年，谢玄和谢石相继因病辞世。

谢玄之死，标志着谢氏家族远离了东晋的权力中心，也标志着偏安近一个世纪的东晋王朝将要走到尽头。420年，东晋王朝灭亡。中国历史上一个新的时代——南北朝时期开始了。

群雄并起逐淘沙
中原动乱响胡笳
三曹七子文坛秀
竹林七贤美名
王墨刘现建
谢安谈玄
绘画艺术攀高峰
书法艺术开先河
酒文化源远流长
是真名士自风流

书法艺术开先河

　　在世界四大文明古国中，只有中华文明从远古一直延续到了今天，而文字正是中华五千年文明史的重要载体。在中国，中学生稍加训练就能够读懂两千多年前的古籍，这不能不说是令人惊叹的奇迹。

　　传说，我们今天使用的汉字是黄帝时期的史官仓颉创造出来的。仓颉造字虽然是个传说，但也说明汉字的起源很久远。

　　现存最早的文字是甲骨文，之后又出现了篆、隶、草、楷、行等各种字体。汉魏时期出现了书法艺术，到了两晋时期，书法艺术得到了前所未有的发展，涌现出一批名垂千古的书法家。

黄帝统一华夏以后，事务繁多，他发现"结绳记事"的方法已经很不适用了。于是，他就命仓颉造字。

《 仓颉造字 》

仓颉

仓颉受命在洧（wěi）水（今河南新郑）岸边筑台造字。今天，"仓颉造字台"遗址仍然是当地的名胜古迹。

仓颉开始造字的时候，很长时间都没有头绪。一天，他正在苦苦思索，突然飞来一只凤凰，把嘴里叼着的一件东西给了他。仓颉一看，上面有一个蹄印。他辨认不出是什么野兽的蹄印，就询问当地的老猎人。

老猎人看了一眼告诉他说："这是貔貅（píxiū）的蹄印。无论哪种野兽的蹄印，我只看一眼就能认出来。"

仓颉听了老猎人的话很受启发。他想，万事万物都有自己的特征，如果能按照事物的特征画出图像，让大家都认识，这不就可以记事了吗？

从此，仓颉便仔细观察各种事物的特征，把日、月、星、云、山、河、湖、海，以及各种飞禽走兽、应用器物等，都按照各自的特征画出了图形。中国古代最早的象形文字就这样诞生了。

中华文明故事

《 汉字的演变 》

其实，仓颉造字只是个传说。汉字的形成并非一人之功，而是远古时代先民长期积累的结果，仓颉很可能是古代文字的集大成者。

在大约3600年前的商朝，已经出现了非常接近现代汉字的甲骨文。后来，又出现了金文、石鼓文和小篆。秦始皇统一全国后，还把小篆规定成全国统一使用的文字。

到了汉代，隶书成为官方通用的字体，所以称为汉隶。汉魏之际又出现了草、行、楷等字体。

汉魏书法亘古未有

书法艺术是中国古代文化百花园中的一朵奇葩，到了魏晋时期，书法艺术开始走向辉煌。

秦朝流行小篆，汉朝流行隶书。因为这两种字体都非常规矩，写起来很慢。于是，东汉末年就从隶书中演变出了最早的草书——章草。

甲骨文、金文和石鼓文只能在文物上看到，小篆虽然有人偏爱，但是已经退出了日常应用领域。只有汉魏时期出现的隶、草、行、真，一直流传至今。

《 章草的出现 》

章草出现在东汉。汉章帝在位时，有个叫杜度的人。有一次，他用一种书写自然方便、按照字的结构和笔画变化的字体给皇帝写了一份奏章，没想到，这种字体深得汉章帝的赞赏。

之后，朝中官员和文人士子便纷纷效仿这种书写方便的字体。因为这种字体最初是专门给皇帝写奏章用的，所以被称为"章草"。

章草很彰显个人的书写风格，人们很快就喜欢上了这种带有艺术色彩的字体。

从此，写字逐渐从实用的需要过渡到了纯粹对美的追求，从而产生了专门的书法艺术。可以说，中国古代的书法艺术就是从章草开始走向辉煌的。

〖 书法艺术的形成 〗

汉魏时期，随着人们思想的解放和审美观念的分化，在章草之后又演变出了三种风格不同的字体——草书、行书和真书（楷书）。

这样，在汉魏时期就出现了隶、草、行、真、章草这几种风格各异的字体，为书法艺术的发展开拓了广阔的空间。在魏晋交替这个彰显个性的时代，书法艺术得到了很大的发展。这个时期重要的书法家有蔡邕、蔡文姬父女和梁鹄、钟繇等人。

〖 蔡邕与蔡文姬 〗

蔡邕（133年—192年），字伯喈（jiē），陈留圉（yǔ）县（今河南开封）人，东汉末年著名的文学家和书法家，在董卓之乱中被王允错杀。

蔡邕精通书法，大篆和小篆都写得相当好，曾模仿过李斯的《圣皇篇》，深受汉灵帝的赞赏。

现存在西安碑林中的《熹平石经》残石，就是蔡邕亲自书写的。这部石经东汉末年就竖立在洛阳太学的门外，每天乘车来观赏、摹写的有上千人。

蔡邕的女儿蔡文姬是古代著名的才女。东汉末年，中原地区战乱不断，蔡文姬流落到匈奴。后来在曹操的帮助下，蔡文姬才回到故乡。这就是历史上著名的"文姬归汉"故事。

文姬归汉

蔡文姬是我国古代著名的诗人和音乐家，琴曲《胡笳十八拍》相传就是她谱写的。蔡文姬在书法上也有相当高的造诣，只可惜她的书法墨迹没能保存下来。

《 曹操与梁鹄 》

汉魏时期书法艺术的发展，与曹操有着密切的关系，因为曹操非常喜好书法。

南朝梁庾肩吾在《书品》中对曹操的书法评价极高，称赞他的字"笔墨雄瞻"。唐代张怀瓘在《书断》中也把曹操的书法列入"妙品"，称赞他的书法"尤工章草，雄逸绝伦"。

曹操身居高位、权倾天下，他对书法的喜爱有力地推进了汉魏时期书法艺术的发展。

曹操喜欢书法，也任用书法水平高超的人。他对大书法家梁鹄和钟繇（yáo）都十分器重。

梁鹄，字孟皇，安定乌氏（今甘肃平凉）人，东汉末年大书法家。曹操非常喜欢梁鹄的书法，在戎马倥偬中仍然把梁鹄的书法作品悬挂在军帐中反复玩味。

虽然梁鹄的书法真迹没能保存下来，但是曹操却留下了传世书法，虽然只有"雪袌"两个字，但笔力雄健，确实字如其人啊！

汉魏时期，对后世有影响的书法家是钟繇和张芝。

钟繇（151年—230年），字元常，颍川长社（今河南长葛）人。钟繇才学出众，擅长书法，被后世尊为"楷书鼻祖"。

钟繇非常推崇蔡邕。钟繇发现韦诞收藏着蔡邕的手书真迹，便苦苦哀求韦诞，想得到这份珍贵的手书真迹。韦诞不肯给，急得钟繇都吐血了，差点送了命。后来，还是曹操用五灵丹把他救活的。

韦诞死后，钟繇设法盗掘了韦诞的坟墓，得到了蔡邕的真迹。钟繇从蔡邕的手书真迹中受到了启发，最终成为汉魏之际著名的书法大师。

张芝虽然没有钟繇有名气，但是他在书法上的贡献并不逊于钟繇。他不仅擅长章草，而且还是草书的开创人。

遗憾的是，钟繇和张芝的书法手书真迹都没能保存下来，我们只能从后人临摹的作品和碑帖中欣赏他们杰出的书法艺术了。

王羲之对钟繇和张芝的书法评价都非常高。他认为，除了钟繇和张芝，其他人的书法都不值得珍藏。

魏晋之际，玄学兴起，人们开始追求自由的精神境界。到了西晋初年，喜欢彰显个性的玄学名士们都喜欢上了张芝新创立的草书。其中，西晋重臣卫瓘、卫恒父子的成就最为突出。

卫瓘（220年—291年），字伯玉，河东安邑（今山西夏县）人，魏

晋时期著名的书法家。他推崇张芝的草书，又继承了父亲卫觊的书风，使他的草书达到"神品"的境界。

卫瓘的儿子卫恒也擅长书法，他的草、隶、篆都写得极好。后世书法家常用的"飞白"就是卫恒首创的。

所谓"飞白"，就是在笔墨不足时写出大字，让墨迹中留出枯墨的空白，使字体显得苍劲有力。

女书法家卫夫人

卫家还出了一位女书法家卫铄，她就是西晋汝阴太守李矩的妻子——名传后世的卫夫人。卫夫人在卫氏书风的基础上又传承钟繇的笔法，并以此教授王羲之。

卫氏一门书法，自成风格，在两晋南北朝时期影响到大江南北。

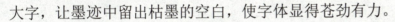

天下第一墨宝

在魏晋时期，陆氏兄弟——陆机和陆云也是两位很有影响力的书法家。陆机（261年—303年），字士衡，吴郡吴县华亭（今上海）人。我国现存最早的古代手书真迹，就是西晋陆机的《平复帖》。

这幅墨宝共9行86字（含残损5字），写在牙色麻纸上。墨色微绿，笔意婉转，风格平淡质朴，字体为章草。因为《平复帖》是我国历史上第一件流传有序的名人法帖真迹，因此有"天下第一墨宝"的美誉。

这幅珍贵的晋代墨宝能够流传至今，还有一段传奇的故事呢。

《平复帖》原收藏在晚清皇族、著名书画家溥儒家中。1937年，溥儒的母亲病故，急需用钱，大收藏家张伯驹担心国宝流失海外，便托人与溥儒商洽，最终以四万大洋购得《平复帖》。

张伯驹收藏《平复帖》的消息传开后，专门为日本人盗买中国文物的汉奸、古董商很快就找上门来，表示愿以高价购买，被张伯驹严词拒绝了。

1941年初，张伯驹在上海被汪精卫手下的汉奸绑架，就是因为《平复帖》。绑匪向张家勒索巨额赎金，否则就撕票。张伯驹知道这是《平复帖》惹的祸，他一面关照妻子决不屈服，一面绝食抗议。八个月后，张伯驹重获自由，国宝也得以保全。

1956年，张伯驹将这幅"天下第一墨宝"无偿地捐献给国家。目前，这件国宝珍藏在北京故宫博物院。

飘若浮云 矫若惊龙

王羲之被后人尊为"书圣"。《晋书·王羲之传》称赞他："王羲之，字逸少，司徒导之从子也。……以骨鲠称，尤善隶书，为古今之冠，论者称其笔势，以为飘若浮云，矫若惊龙。"这可不是一般人的赞语，而是唐太宗李世民的评价。

东晋时期，书法艺术的发展远远超过了汉魏之际。这个时期，书法不仅是文人名士日常生活中的要事，也成了品评人才的重要依据。

东晋王朝建立后，许多精英人士从北方迁至江南，有相当一部分人开始陶醉于美丽的湖光山色，移情于琴棋书画，从而有力地促进了书法艺术的进一步发展。

　　东晋时期，最著名的书法大家就是出自琅琊王氏鼎鼎大名的"书圣"王羲之。

《 书法世家 》

　　王羲之（321年—379年），字逸少，他的父亲王旷官至淮南太守，参与过晋元帝南渡的决策，是东晋开国元勋王导的堂弟。

　　王羲之出生于书法世家，堂伯父王导就醉心于书法，渡江南下时还随身携带着钟繇亲手书写的《宣示表》。

　　到江南后，王导在繁忙的政务间隙仍然坚持练习钟繇的法帖。传

王羲之

说，他模仿钟繇的书法已经到了惟妙惟肖、以假乱真的程度。

　　王导的堂弟王廙（yì）也是一位大书法家，他的章草、楷书学钟繇，草书、隶书学张芝和卫恒。在王羲之成名之前，王廙的书法在东晋独占鳌头。

　　在魏晋南北朝时期，书法界的顶级人物就是王羲之。王羲之的书法不仅是魏晋南北朝时期的最高水平，也是中国古代书法艺术的最高峰。

《 博采众长 》

　　王羲之幼年向卫夫人学习书法，卫夫人对他十分器重，曾夸赞王羲之："这个小孩现在书法已经相当好，必然能得到用笔的诀窍，将来他

的名气当在我之上。"

王羲之除了向卫夫人学习书法之外，对秦朝李斯的书法、东汉蔡邕的《熹平石经》，以及钟繇、梁鹄的书法，都进行过十分仔细的研习和揣摩。在博采众长的基础上，王羲之终于练成了独具特色的书法。

王羲之飘逸潇洒的行书、骨力刚健的楷书和神采飞扬的草书，都达到了书法艺术的顶点，至今无人能与之媲美。

王羲之非常谦虚，他曾经说过："我的楷书和钟繇相比，勉强比得过；我的草书和张芝相比，也就能并列吧！"

但是，后人却不这样认为。在《晋书·王羲之传》中，唐太宗李世民是这样评价的："张芝的书法，如今已经看不到了。钟繇的书法虽然擅美一时，堪称绝品，但是否达到了尽善尽美，很值得怀疑。详察古今书法，精研各种字体，能够达到尽善尽美的，只有王逸少一人啊！"

《兰亭集序》

王羲之的书法很早就受到文人雅士的推崇，遗憾的是，王羲之的楷书在宋元时期就已经真迹难觅了。王羲之传世的草书虽然有许多，但大都是后世的摹本，能够认定是他亲手书写的真迹非常少。

王羲之的行书以《兰亭集序》最为著名。

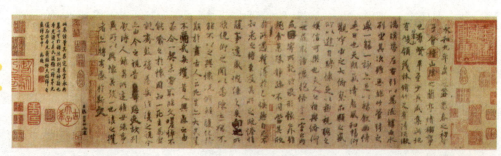

《兰亭集序》

永和九年（353年），王羲之邀请谢安、孙绰等名士齐聚于会稽兰亭，饮酒清谈，乘兴赋诗，众人"一觞一咏，畅述幽情"，共写诗37首。王羲之乘兴作序，记事抒怀，这就是著名的《兰亭集序》。《兰亭集序》共28行324字，历来被书法家们称为中国书法的神妙、绝佳之作，被誉为"天下第一行书"。

《兰亭集序》是王家的传家宝。智永是王羲之的七世孙，在江南永欣寺出家为僧，收藏着祖上的这幅珍贵墨宝。智永去世时，把《兰亭集序》传给了徒弟辩才法师。

唐太宗得知《兰亭集序》在辩才法师手中，立即派江南才子萧翼前往永欣寺，命他务必将《兰亭集序》的真迹弄到手。于是，就有了"萧翼智赚兰亭"的故事。

最后萧翼盗走了这幅珍贵的墨宝，献给了唐太宗李世民，辩才气得都吐了血。但是，皇家盗走的东西，如何能追得回来，辩才只好自认倒霉。

唐太宗得到《兰亭集序》后如获至宝，欣赏了一生还没个够，临终前竟遗命将《兰亭集序》陪葬于昭陵。从此，《兰亭集序》的真迹便在人间消失了。我们今天欣赏到的《兰亭集序》是后世书法家的摹本。

《圣教序》

现存的能称得上王羲之书法真迹的作品，是藏于西安碑林博物馆的《大唐三藏圣教序碑》，简称《圣教序》。

这块碑是唐高宗时僧人怀仁率领门下弟子以"一两银子一个字"的价格，在全国搜求王羲之的真迹而"集成"的。它是目前存世最精准的王羲之行书真迹。早在唐代，就有人利用这块碑拓帖研习书法了。宋元以后，用这块碑练习书法的人更是遍布天下。

其实，《大唐三藏圣教序碑》有一个重大缺陷，虽然碑上的每一个字都是王羲之的真迹，但是碑文本身不是王羲之亲手书写的，而是用单个字集成的，因此，这块碑只有笔法而没有章法。

从书法美学的角度看，笔法和章法是并重的，只有笔法而无章法的《大唐三藏圣教序碑》还不能充分体现王羲之的书法精髓。

【 王羲之趣事 】

王羲之的字在东晋时就已经享有盛誉。王羲之非常喜欢鹅，山阴县有位道士想得到王羲之的字，于是就饲养了一群好鹅。王羲之见了这些鹅，要求买下来。道士便趁机提出："如果您能为我抄写一遍《道德经》，我就把这群鹅送给您。"

王羲之欣然提笔，为道士抄写了老子的《道德经》，然后带上鹅回了家。

还有一次，王羲之在葭（jí）山看见一位老婆婆卖六角竹扇，一时兴起，便在每个扇面上都题写了五个字，老婆婆当时还有点不高兴。王羲之对她说："你就说是王右军写的，每把扇子要一百个铜钱。"于是，老婆婆就按王羲之说的价格来卖这些竹扇，果然，人们都抢着买，很快就卖完了。

这两个小故事，说明王羲之的书法在当时就已经受到人们的普遍推崇。

【 东床快婿 】

王羲之少年时聪明好学，朝中名士对他十分看重，太尉郗鉴还将女儿嫁给了他。

王羲之为人一身傲骨，很像竹林七贤中的嵇康。太尉郗鉴有个女儿

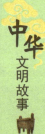
中华文明故事

快到出嫁的年龄了，于是就让门生到丞相王导家选女婿，王导让他到东厢房遍观所有的王家子侄。

门生回来后对郗鉴说："王家的男孩子个个都挺好的，听说我是来选女婿的，都十分矜持。只有一个男孩在东边的床上敞开衣襟、躺着吃东西，好像没听到似的。"

郗鉴听罢说："这正是我要选的人啊！"郗鉴立即派人前去打听，才知道那个躺在床上吃东西的男孩是王羲之，于是就把女儿嫁给了他。

从那以后，人们也称女婿为"东床"了。

王羲之在东晋当过秘书郎、长史、右军将军等官职，所以，人们也常称他"王右军"。379年，这位伟大的书法家与世长辞，享年59岁。

在书法艺术上，琅琊王氏后继有人。王羲之的七个儿子当中，有五个擅长书法，其中以王献之的成就最为突出。

【 后继有人 】

王献之（344年—386年），字子敬，是王羲之的第七个儿子，因为举止高雅，从小就享有盛名。

王献之深受父亲的影响，自小就精研书法，草书、隶书都写得相当好，而且擅长绘画。

王献之七八岁时开始学书法。有一天他正在写字，父亲悄悄绕到他的身后，猛然去夺他手中的笔。不料，王献之握笔相当有力，父亲居然没能夺下来。因此，"书圣"认为这个孩子将来在书法上的成就不会低于自己。

【 不弱其父 】

谢安很推崇王献之的书法，只要见到王献之的作品，便在后面作题记。他的这个习惯后来成了历代鉴赏家、收藏家鉴赏书法作品的惯例。

王献之的字写得相当好，但他并不一味模仿父亲。他的书法有两大特点：一是飞白运用流畅，深得后人称赞；二是创造了一种结构微妙的新字体——"今草"。这种字体十分娟秀，也称"小草"或"游丝草"，被书法界奉为秀美字体的楷模。

不过，王献之的书法风格却没有得到书法家们的一致认可。在《晋书·王羲之传》中，唐太宗李世民曾经给出了这样的评价："时议者以为羲之草隶，江左中朝莫有及者，献之骨力远不及父，而颇有媚趣。"

其实，王羲之和王献之的书法是各有特色。王羲之的书法刚劲有力、潇洒飘逸，王献之的书法妩媚清灵、娟秀瑰丽。

谢安曾经问王献之："你的书法比你父亲如何？"王献之回答说："当然不同。"谢安又说："外人可不这样认为。"意思是王献之的字不如他父亲。王献之回答说："外人哪里知道内情呢！"由此可见，王献之对自己的书法是充满自信的。

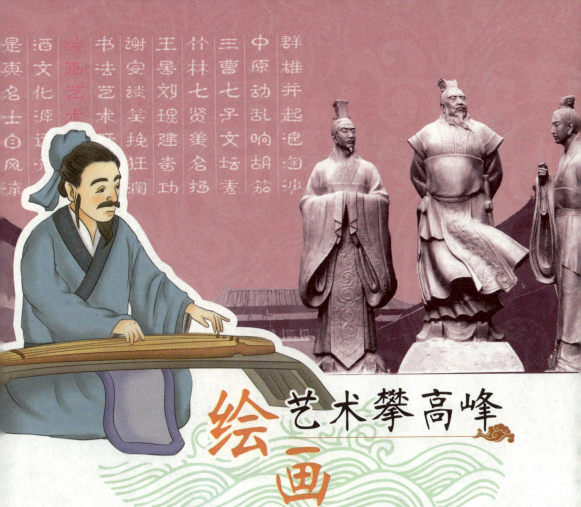

群雄并起逐鹿沙场
中原动乱响胡笳
三曹七子文坛奏
竹林七贤美名扬
王墨刘琨建奇功
谢安谈笑挽狂澜
书法艺术妙
绘画艺术
酒文化源远流
是真名士自风流

绘画 艺术攀高峰

　　绘画同书法一样，也是中国古代艺术百花园中的一朵奇葩。有趣的是，绘画也是在魏晋时期走向辉煌的。

　　魏晋时期的绘画艺术与意大利文艺复兴时期的绘画艺术一样，在文化发展中占有重要的地位。所不同的是，在文艺复兴时期的欧洲，达·芬奇、米开朗琪罗、拉斐尔等著名画家是在古希腊文明激励下获得艺术灵感的，而魏晋南北朝时期，则是因为大批学识渊博的文人步入了绘画艺术领域，才促进了绘画艺术的发展。

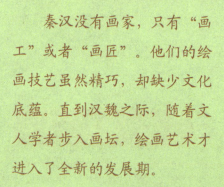

秦汉没有画家，只有"画工"或者"画匠"。他们的绘画技艺虽然精巧，却缺少文化底蕴。直到汉魏之际，随着文人学者步入画坛，绘画艺术才进入了全新的发展期。

在中华大地上，很早就出现了绘画艺术的萌芽，在各地发现的多处新石器文化遗址中都有早期人类绘制或雕刻的岩画。在大汶口文化中，人们绘制的彩陶已经有了一定的艺术水平。到秦汉时期，已出现了精美的壁画和画像石，但并没有产生现代意义上的画家，只有"画匠"或者"画工"——以画画为生的工匠。

这些人以画画为谋生手段，社会地位低下，缺少深厚的文化底蕴，即使被召入皇宫，他们的身份与宫中其他工匠也没有多大区别。

由于这些画匠的文化修养和品位都比较低，所以，西汉宫中还引发过一次对画匠的血腥杀戮。

《 昭君出塞酿杀机 》

汉元帝时，后宫嫔妃很多，皇帝只好按画像选择美女陪侍。嫔妃们为了得到皇帝的宠爱，就贿赂画匠，让画匠把自己画得更美丽。

汉元帝有个妃子叫王昭君，是中国古代"四大美女"之一（另外三位是春秋时期越国的西施、东汉末年的貂蝉和唐朝的杨贵妃）。王昭君生得非常美丽，却一身傲骨，不肯贿赂画匠，所以，汉元帝从来没见过这位宫中最美的妃子。

后来，汉朝与匈奴和亲，皇帝通过画像选择王昭君出嫁。等匈奴的使者来迎娶时，汉元帝才见到王昭君，发现王昭君是宫中最美丽的妃子。汉元帝很后悔，但是已经来不及了。

匈奴的使者离开后，恼羞成怒的汉元帝杀了一批宫中的画匠，有毛延寿、陈敞等人。

到了魏晋时期，由于社会的动荡和玄学思潮的冲击，许多文化素养很深、思想境界很高的文人名士开始涉足绘画领域，绘画艺术进入了一个全新的发展期。

南朝齐人谢赫在《古画品录》里记载，魏晋时期很多名人都喜欢绘画。像魏国的杨修、桓范和小皇帝曹髦，蜀国的诸葛亮、诸葛瞻和关羽，甚至吴王孙权的赵夫人都是画家。

令人遗憾的是，由于年代久远，他们的绘画作品都没能保存下来，我们只能从《古画品录》等书中领略当时的绘画风格了。

【 小皇帝曹髦 】

汉魏时期，最有名气的画家是魏国的小皇帝曹髦。

曹髦是曹操的曾孙，就是被司马氏杀害的那个小皇帝。曹髦的绘画水平在当时是大师级的，由于他悲惨的人生，他的故事和绘画作品给后世留下了深深的印记。

曹髦自幼好读诗书，精通经史。他从来没想过要做皇帝，只是想在复杂的政治漩涡中避祸全身而已。齐王曹芳当皇帝时，曹髦被封为高贵乡公。

司马昭为了篡夺曹魏政权，于254年废了魏帝曹芳，让曹髦当皇帝。曹髦当时只有13岁，司马昭让他登基做皇帝，自以为这样曹魏的军政大权就可以归自己掌握了。

不过，司马昭打错了算盘，自幼熟读经书的曹髦可不是等闲之辈，他虽然没有做皇帝的野心，却不愿意当一个受人摆布的傀儡。

曹髦的绘画水平相当高，据唐代张彦远《历代名画记》记载，曹髦的绘画作品"独高魏代"。

曹髦的绘画作品有《盗跖图》《黄河流势图》《卞庄刺虎图》等。尽管这些绘画作品没能保存下来，但是从作品的选题可以看出，曹髦的确不是一个甘心做傀儡皇帝的人。

喜欢冲动，是艺术家的共性。自古以来，许多优秀的绘画作品都是在艺术家的创作冲动中诞生的。但是，冲动的性格用于政治，后果就不堪设想了。

曹髦太冲动了，他居然以"卞庄刺虎"的勇气，率领数百名宫中侍卫去讨伐司马昭，结果兵败身亡，死时还不满19岁。竹林七贤中的阮籍曾在《咏怀诗》中悼念他："王子年十五，游衍伊洛滨，朱颜茂春华，辩慧怀清真。"

《 吴国赵夫人 》

三国时期，江东吴国也有一位名气很大的画家——她就是东吴君主孙权的嫔妃赵夫人。

孙权，字仲谋，三国时期东吴的君主，是一位非常出色的政治家。曹操对孙权十分欣赏，曾对手下人发过感叹："生子当如孙仲谋！"

孙权很希望有一位善于绘画的人为他绘制一幅天下的山川形势图，以便在指挥作战中使用。大臣赵达就把自己擅长绘画的妹妹推荐给孙权，做了孙权的夫人，即赵夫人。

孙权把自己的想法告诉了赵夫人，这位美女画家对孙权说："丹青的颜色很容易脱落，不能长时间保存，让我把地图刺绣出来吧。"于是，赵夫人先绘出图案，然后用丝线把画中的山岳、江河、城邑等都绣在了锦帛之上，绣好之后呈献给孙权。

这幅作品被人们视为刺绣中的绝品。潘天寿先生在《中国绘画史》中，对吴国赵夫人的绘画作品给予了很高的评价。

遗憾的是，赵夫人刺绣的古代地形图没能保存到今天，我们只能从史料中看到人们对她高超绘画技艺的记载了。

尽管汉魏时期已经出现了许多重要的绘画作品，但是更辉煌的成就还在其后，东晋时期的绘画艺术成就远远超过了前代。

琅琊王氏画技长

东晋时期文人画家的数量远远超过了汉魏之际，绘画水平也远高于汉魏。这个时期著名的绘画大师有王廙、王羲之、王献之、谢安、范宣、戴逵、顾恺之以及晋明帝司马绍等，其中成就高、对后世影响大的画家是王廙、戴逵和顾恺之。

琅琊王氏是东晋的名门望族，不仅在朝堂上人才济济，在书法界独占鳌头，在画坛上也人才辈出。

东晋时期，北方士族的南迁，不仅带来了先进的生产技术，同时也带来了中原的绘画技艺。而江南迷人的山水风光和秀美的俊男靓女，也为东晋绘画艺术的发展提供了丰富的创作素材。

《 独占鳌头 》

东晋初年，在画坛上名气最大的是王廙。王廙不仅擅长书法，绘画水平也首屈一指。

王廙的书法和绘画水平很高，唐朝张彦远在《历代名画记》中曾称赞他的书画水平是"晋室过江，王廙书画为第一"。

王廙的绘画作品有《异兽图》《鱼龙戏水图》《吴楚放牧图》等。

可惜的是，这些作品在唐代以后都散佚了。今天，我们只能从古籍中了解王廙精妙的绘画水平了。

《 名师高徒 》

王廙在东晋担任过平南将军、荆州刺史等重要官职，他与晋明帝司马绍的关系相当好，晋明帝还向他学习过绘画呢。

据明朝书画收藏家张丑撰写的《清河书画舫》记载，晋明帝的画，本来是向王廙学的，但是在沉着方面已经超过了王廙。后世的绘画书籍也记载说，晋明帝司马绍的绘画作品有《杂禽图》《游猎图》《人物风土图》《洛中贵戚图》等，可惜没能流传下来。

《 后继有人 》

王氏家族中的王羲之、王献之父子也是绘画高手。王羲之尤其擅长画扇面。他的绘画作品有《杂兽图》《临镜自写真图》等。

王献之的绘画水平也很高，也擅长画扇面。王献之所画的鸟兽十分生动、逼真。有一次，王献之给大将军桓温画扇面，因为毛笔误落在扇面上，聪明的王献之就在落笔处画了一头乌驳牸（zì）牛，画得非常传神。

遗憾的是，王氏父子的绘画作品和他们的书法作品一样，都没能保存下来。今天，我们只能从《历代名画记》《画品》等绘画史书中领略他们高妙的绘画技艺了。

画坛高手戴安道

东晋画坛上的顶尖高手是戴逵和顾恺之。

戴逵（？—396年），字安道，谯郡铚县（今安徽濉溪）人，是东晋画坛上著名的画家和雕塑家。据《晋书·戴逵传》记载，戴逵"少博学，好谈论，善属文，能鼓琴，工书画……"

戴逵是个才学出众的名士，与他的同乡嵇康一样生就了一身傲骨，对仕途毫无兴趣。

戴逵是东晋时期著名的绘画大师和雕塑家，他在建康瓦棺寺雕塑的《五世佛》与顾恺之的壁画《维摩诘像》、师子国（斯里兰卡）送来的玉佛，当时被称为建康瓦棺寺"三绝"。

当时武陵王司马晞很有权势，他听说戴逵琴弹得好，就派人前去召戴逵入府，想听他弹琴。没想到，戴逵当着使者的面将琴摔到地上，生气地说："戴安道不当王府的伶人！"

戴逵是中国古代绘画艺术的集大成者，他的山水、鸟兽、人物都画得极具神韵，南朝齐人谢赫在《古画品录》中称赞戴逵是当时绘画界的领袖。戴逵的画风，对后世影响很大，他画人物、佛仙、山水、鸟兽的技艺已经臻于完美，奠定了中国古代绘画艺术的基石。

《 崭露头角 》

戴逵从小就喜欢绘画，十几岁的时候，他画的人物、山水和鸟兽就已经有了相当高的水平。有一次他随父亲乘船前往建康。途中，戴逵在船头静静地观看江上的景色：一个渔翁身披蓑衣、头戴斗笠，在烟云浩渺的水波之中驾着一叶小舟，时隐时现。

戴逵随父亲到了建康瓦棺寺，正巧画家王蒙也在寺中。瓦棺寺住持是位高僧，所以这座名刹也成了当时文人雅士聚集的地方。王蒙与戴家是旧交，早就听说戴逵很会作画，见戴家父子来了，便要戴逵当场作一

戴逵

幅画。戴逵推辞不过，于是饱蘸浓墨，提笔挥毫，将途中看到的江上景色和船上渔翁完美地呈现出来。

王蒙见戴逵三下两下就画出了一幅《渔父图》，非常赞赏。他细品《渔父图》的画风画意，深感潇洒俊逸，气韵不凡。王蒙独具慧眼，通过《渔父图》看出戴逵以后在绘画领域必成大器，当场发出这样的感叹："这孩子将来必成大器。可惜我太老了，看不到他成名了。"

《南都赋图》动人心

戴家希望戴逵能成才，将来好"治国平天下"，于是让他跟随当时著名学者范宣学习经史。范宣，字宣子，陈留（今河南开封）人，博学多才，一身傲骨，不阿权贵。戴逵十分仰慕范宣的人格，跟随范宣读书时手不释卷，非常刻苦，范宣十分器重他。但是，戴逵在读书之余喜欢作画，范宣很不以为然。他对戴逵说："绘画不过是雕虫小技，没什么用，你应抓紧青春大好时光，认真习经读史，日后好治国安邦。"

戴逵见老师并不理解自己的追求与理想，就按东汉张衡的《南都赋》，画了一幅《南都赋图》送给范宣。范宣看了这幅《南都赋图》非常震撼。这幅画构思精巧、手法细腻、用笔流畅，画中的宫室、人物、鸟兽和草木山川都画得惟妙惟肖。此画尽情地展现了南都的繁华胜景，

中华文明故事

然而画中的寓意却暗示着繁华不过是过眼烟云。范宣展开画细看，更觉得这幅画寓意深刻，让人回味无穷，浮想联翩。于是，范宣把戴逵找来，把自己的内心感受告诉了戴逵。后来范宣也成了绘画高手。

《 绘画艺术传后世 》

戴逵的人物画和肖像画，达到了很高的艺术境界。据唐代张彦远的《历代名画记》记载，戴逵的绘画代表作品有《阿谷处女图》《胡人弄猿图》《董威辇诗图》《孔子弟子图》《五天罗汉图》《渔父图》《嵇阮像》等十多幅人物画和肖像画。

戴逵画的《七贤与荣启期》图，被后人临摹，做成砖印壁画，陪葬于南京西善桥的南朝墓中。这幅画被分为两幅，分别嵌在墓室的南北两壁，都是长2.4米、高0.8米的巨幅作品。南壁画中的人物是嵇康、阮籍、山涛、王戎，北壁画中的人物是向秀、刘伶、阮咸、荣启期四人。八位高士都席地而坐，虽服饰不同，神情迥异，但每个人都个性鲜明，神态逼真。

顾恺之在《魏晋胜流画赞》中，收录了戴逵五幅作品：《七贤图》《嵇兴图》《嵇轻车图》《陈太丘二方图》《临深履薄图》，并且给予了极高的评价，称他的作品世人"莫能及之"。

戴逵所作的山水画和鸟兽画情景交融，形象逼真，具有独特的艺术风格。他所画的《狮子图》《名马图》《三牛图》《三马伯乐图》《南都赋图》《吴中溪山邑居图》等多幅作品，都被收入《历代名画记》。

《 佛像雕刻师古今 》

戴逵在艺术上的另一项重要贡献是雕刻。

东晋时期佛教盛行，佛教艺术迅速传播。戴逵精通佛学，加之精心雕琢，他雕刻的佛像形神兼备，获得了人们极高的赞誉。戴逵在建康瓦棺寺雕刻的《五世佛》、顾恺之的壁画《维摩诘像》、师子国所送的玉像，被称为瓦棺寺"三绝"。

晋孝武帝年间，会稽山阴的灵宝寺慕名求戴逵为寺里刻一尊高一丈六尺的无量寿佛木像。佛像雕成后，观者无不称妙。可戴逵却觉得佛像的神态有些死板，缺乏冲击力和震撼力。他向众人请教，而众人只说些恭维话。后来他躲到屏风后面，记录人们的各种议论。有人说佛像的眼睛有点儿小，有人说佛像额头有点儿窄，还有人说佛像的耳朵应该是下垂的，戴逵一一记在心里，经过反复雕琢，最终雕刻成了一尊既符合佛教教义又体现民族风格的精美佛像。

这尊佛像一问世，各地寺院纷纷效仿。从此，所有寺院、石窟中的佛像都定格成了浓眉、长目、垂耳、宽额、笑脸的形象。这不仅对佛教在中国的传播做出了贡献，而且为中国古代雕刻艺术的发展奠定了重要基础。

丹青妙手顾恺之

顾恺之是东晋著名画家和绘画理论家，是我国古代山水画的开山鼻祖。顾恺之撰写的《魏晋胜流画赞》《论画》《画云台山记》，对我国古代绘画艺术的发展产生了重要影响。

东晋时期，名气最大的画家是顾恺之。顾恺之（约345年—409年），字长康，小字虎头，晋陵无锡（今江苏无锡）人，才学出众，擅长绘画，深得东晋士族名流的赞赏。

顾恺之是官宦子弟，完全可以走仕途。但是，他和戴逵一样对当官毫无兴趣，每天陶醉于诗书、绘画之中。

顾恺之虽然没有成为东晋的高官显宦，却在画坛上独占鳌头，得到了"尤善丹青，图写特妙"的艺术评价。

东晋中兴功臣谢安也是绘画名家，他对顾恺之的评价非常高。谢安认为顾恺之的绘画水平之高，是自古以来从未有的。从后人临摹的顾恺之作品中可以看出，谢安的评价是相当准确的。

顾恺之的绘画题材相当广泛，他不仅擅长画人物，他画的山水、动物也相当传神。

《 名作神韵 》

顾恺之画人物非常讲究细节，尤其注重人物的眼睛。

顾恺之画人物总是最后才画眼睛，有时候甚至几年都不"点睛"。有人问他这是为什么，他回答说："表现人物，肢体并不是最关键的，人物能不能画得传神，最关键在于眼睛。"

顾恺之非常崇拜嵇康。他在给嵇康画像时曾经说："手挥五弦易，目送归鸿难。"意思是要想表现出嵇康的精神气度，画他在刑场上潇洒自如地弹琴很容易，但是要画出他"目送归鸿"的眼神来就相当难了。

据《世说新语·巧艺》记载，顾恺之很想给东晋的重臣殷仲堪画一幅像，殷仲堪因为眼睛有毛病，一直推辞。顾恺之对他说："其实，我想画的正是你的眼睛，用飞白的手法画在你的黑眼珠上，肯定会像轻云蔽日那样美！"

后来，殷仲堪真的让顾恺之为他画了一幅画像，果然非常有神韵。

据宋代《宣和画谱》记载，顾恺之的绘画作品有《列仙图》《三天女图》《虎豹杂鸷鸟图》及《女史箴图》《洛神赋图》等。由于年代久远，这些绘画的原件都没能流传下来，但是，《女史箴图》《洛神赋图》这两幅名画的摹本，却十分幸运地保存了下来。

顾恺之的《女史箴图》《洛神赋图》摹本分别是唐代和宋代的画坛高手照着他的原画临摹的，因此，我们依然能够通过这些古代摹本窥见顾恺之绘画作品的神韵和风貌。

《女史箴图》

　　《女史箴图》画的是宫廷妇女的生活场景，原作早已失传，现存大英博物馆的《女史箴图》是唐代画家的摹本。从摹本中可以看出顾恺之原作的艺术风格。

　　《女史箴图》共九幅，这些画作真实地表现了宫中的生活环境，也突出了典型人物生动的神态和动人的场景。

　　《女史箴图》中最动人心魄的是第一幅画，这幅画画的是冯婕妤为救汉元帝挺身而出与熊相搏的故事。

　　顾恺之画得非常传神，大黑熊攀栏欲上，汉元帝和宫中的卫士、侍从、宫女都很惊慌，仓皇欲逃。只有冯婕妤神色不变，泰然自若，向着扑来的大黑熊迎了上去。

　　这幅画突出了主人公冯婕妤的勇敢、镇定，辛辣地讽刺了身为男子的汉元帝和宫中的卫士、侍从。在勇敢、镇定与胆小、慌乱的强烈对比之下，这幅画的主题一下子就被显现出来。

《洛神赋图》

　　《洛神赋图》是顾恺之传世作品中最富传奇色彩的画卷。这幅画取材于曹植的《洛神赋》，故名。

　　东晋时期，《洛神赋》中主人公与洛水女神相会的神话故事，已经演变成了曹植与他美丽的嫂子——甄妃之间的爱情故事。于是，顾恺之就把这段令人心酸的爱情故事绘制成了一幅美丽的长卷——《洛神赋

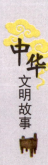

图》。

《洛神赋图》充分展现了顾恺之高超的艺术水平。在这幅长卷中描绘的事物种类非常多，有俊男、靓女、山水、树木、车船和鱼龙等。如果没有高超的绘画水平，是很难完成的。

在这幅《洛神赋图》中，顾恺之从主人公在洛川遇到已经成为洛水女神的甄妃开始，一直到甄妃与之相会后又飘然而去，绘制了多幅动人心魄的场景。

图中男主人公怅然若失的表情，女主人公洛水女神回眸顾盼的姿态，都表现了顾恺之高超的绘画技艺。顾恺之把人物内在的精神活动在这幅长卷中进行了成功的渲染。整个画卷人与景相映，情与景交融，充满了动人心魄的艺术魅力。

这幅长卷所表达的意境非常复杂，有欢愉和艳丽，有凄婉和哀伤，有恋人之间近在咫尺的依依惜别，也有人神相隔、遥不可及的无限怅惘。这一切都充分体现了顾恺之独具匠心的艺术构思和古今罕有的绘画水平。

《 山水画鼻祖 》

顾恺之还是我国古代山水画的鼻祖。顾恺之的绘画作品虽然没能保存下来，但是，他论绘画的著作却奇迹般地流传下来，对我国古代绘画艺术的发展产生了重要影响。

在顾恺之以前，文人名士们对自然景观已经产生了极大的兴趣，也出现了早期的山水画，但是从来没有人对山水画的画法进行过系统的研究。顾恺之的《画云台山记》，是我国古代第一篇系统探讨山水画画法的理论著作。在这篇论著中，顾恺之第一次提出了山水画的设计构思方法。

由于顾恺之对山水画的重视，美丽的江南山水和可爱的花鸟鱼虫很快就成了人们绘画的重要题材。绘画的主题和素材变得更加丰富多彩。

　　从此，更多的文人名士加入到绘画行列，出现了人数庞大的文人绘画群体。尤其在东晋和南朝时期，以绘画而闻名的文人远远超过了历史上任何一个朝代。

　　正是从两晋南北朝开始，中国古代的绘画艺术才进入了全新的发展期。

群雄并起浪淘沙

中原动乱响胡笳

三曹七子文坛蓥

竹林七贤美名扬

王晏刘琨建奇功

谢安谈笑挽狂澜

书法艺术开失河

绘画艺术攀高峰

酒文化源远流赞

是东各名士自□

酒文化源远流长

中国是具有五千年悠久历史的文明古国，是酒文化的重要发源地。中国人酿酒、饮酒、品酒、赞酒、咏酒，形成了世界上独特的酒文化。

目前，世界上许多地区都发现了远古时期人类酿造的美酒。

在中国，在公元前 2000 年的夏朝，人们就已经开始酿酒和饮酒了。

在河南安阳发掘的妇好墓中，考古学家们还发现了精美的饮酒器具——妇好方斝（jiǎ）。这说明，在殷商时期酿酒和饮酒已经融入人们的日常生活中。

造酒的传说

从古代的传说中可以看出，仪狄很可能是第一个用水果发酵酿酒的人，而杜康是第一个用粮食发酵酿酒的人。由此还可以推断：远古人类很可能先发明了果酒，后来才发明了粮食酒。

流传中国数千年的美酒，最初究竟是谁发明的，今天已经无从查考了。但是，在古老的传说中，在古代的文化典籍里，都可以寻找到远古时期人们酿酒、饮酒的痕迹。

《 仪狄造酒说 》

出现最早的是"仪狄造酒"的传说。在西汉刘向整理的《战国策》中，对酿酒是这样记载的：大禹的女儿让仪狄做酒，酒做得非常好喝，就进贡给了大禹。大禹饮过仪狄的酒，感觉非常甜美。他感叹地说："后世必然会有因饮酒而亡国的！"于是他下令禁止酿酒，并疏远了仪狄。

尽管这只是个传说，但可以说明至少在夏朝建立之初，我们的祖先就已经开始酿酒和饮酒了。

《 杜康造酒说 》

东汉许慎在《说文解字》中记载：杜康把没吃完的剩饭，存放在桑园的树洞里。剩饭在树洞中发酵，散发出芳香的气味。大家品尝后发现，剩饭已经变成了香醇的美酒。

杜康在历史上确有其人，他是西周时期王宫中的酿酒师。河南汝阳的杜康河、伊川的上皇古泉，都是当年杜康酿酒的地方。

曹操《短歌行》中的诗句"何以解忧，唯有杜康"，就来自杜康造

酒的传说。

《 真实的历史 》

最新的科学研究成果表明，最早的酒可能并不是人酿造的，而是被人发现的，而且很可能是被女人发现的。

远古时期，男人渔猎，女人采集野果。可能有那么一次，女人们采集回来的野果太多了，没有吃完，就储存在石头上的凹坑里。由于天气炎热和菌类的作用，野果的汁液发酵，变成了可口的甜酒，留在了石头的凹坑中。

人们饮用了这种自然发酵的果酒，觉得十分香甜可口，于是，就开始用这种原始的方法酿酒了。因此，果酒很早就成了人们喜欢的饮料。

古人饮酒的故事

魏晋时期，是中国古代酒文化发展的一个高峰期。建安七子之一、孔圣人的后裔孔融对中国古代的酒文化解说得极为生动有趣。

孔融曾经声称："座上宾客满，樽中酒不空，吾之愿也。"由此可见，孔融确实是一个无可救药的大酒鬼，难怪他要极力反对曹操颁布的《禁酒令》了。

孔融在《难曹公表制禁酒书》中说道，天上有酒星，地上有酒泉，

孔融喜欢饮酒，他在《难曹公表制禁酒书》中，找出了许多冠冕堂皇的喝酒理由。汉魏时期，武将饮酒以关云长"温酒斩华雄"最威风，名士饮酒则以竹林七贤最潇洒。

113

人们讲酒德。尧王没有千盅的酒量，无法建立太平盛世；孔子没有百觚的酒量，无法称圣人；郦生就因为是个酒鬼，才为汉朝立下了大功；而屈原就是因为不喝酒，才投水而死……

孔融虽然有点强词夺理，但也确实为嗜酒如命的酒鬼们找到了不少冠冕堂皇的理由。自古以来，饮酒的故事非常多。酒在祭祀、待客中也确实起着相当重要的作用。

《 高阳酒徒立大功 》

孔融说的"高阳酒徒著功于汉"，是一个真实的故事。

高阳酒徒叫郦食其，是个穷书生，家境贫寒，没有产业，只是一个身份低微的小吏。刘邦率领大军路过陈留的时候，郦食其碰见了一位同乡，是刘邦手下的一个骑兵。郦食其就让这个人向刘邦推荐自己，说自己可以帮助刘邦成就大业。这个同乡向刘邦推荐了郦食其，刘邦就让郦食其到驿舍来见面。

高阳酒徒郦食其

这天，郦食其来了。门卫进去通报说："郦食其来了。"刘邦问："是个什么样的人？"门卫回答："看他的打扮，像个儒生。"

刘邦不喜欢读书人。他听说郦食其是个儒生，便说："我正忙天下大事，没时间见读书人！"门卫把刘邦的话传给了郦食其。

郦食其听了十分生气，瞪大了眼睛，唰的一下把剑拔了出来，对门卫大声喝道："回去，重新说，什么读书人！谁是读书人？你就说有个高阳酒徒求见！"

于是，刘邦召见了郦食其。两个人边喝酒边聊天，谈得十分投机。后来，郦食其设计攻克了陈留，为刘邦的军队解决了粮草供应问题，刘邦封他为广野君。

在楚汉战争的关键时刻，郦食其游说齐王田广归汉，韩信乘机袭击齐国，夺取了许多城池。这就是高阳酒徒郦食其"东下齐城七十二"的由来。

关羽温酒斩华雄

英雄饮酒的故事，威风莫过于三国时的关羽。东汉末年，董卓作乱，各路英雄出兵讨伐董卓，在虎牢关前摆下了战场。董卓手下的勇将华雄，先败孙坚，又接连斩杀了联军多员大将，众诸侯十分震惊。

联军的首领袁绍说："可惜我的上将颜良、文丑没有来，如果有一个人在此，怕什么华雄！"

袁绍的话音未落，阶下有一个人便站出来大声喊道："小将愿斩华雄之头，献于帐下！"众将抬头一看，此人身长九尺，髯长二尺，卧蚕眉，丹凤眼，面如重枣，声如洪钟，立于帐前，威风凛凛。

袁绍问是什么人，公孙瓒说："这是刘玄德的兄弟关羽。"袁绍问："现在是什么官职？"公孙瓒回答说："跟随刘玄德，充当马弓手。"袁术大声喝道："你欺侮众诸侯没有大将吗？一个马弓手也敢乱言，给我打出去！"

这时，曹操制止了袁术："公路息怒，这个人既然敢口出大言，必有勇略。不如让他上阵试一试，如果不胜，再责罚他也不迟！"

袁绍说："让一个马弓手出战，必然会被华雄笑话。"曹操却说：

"此人仪表不俗，华雄怎么知道他是一个马弓手呢？"

关羽在帐下大声说道："如不胜，请斩我的头。"这时，曹操叫人温了一杯酒，想让关羽饮了酒上马出战。

关羽却说："酒且斟下，某去去就来。"只见关羽提刀出帐，飞身上马，冲到阵前。众诸侯只听得鼓声大振，喊声大举，如天摧地塌一般，都大惊失色。正想派人打探消息，只听得鸾铃响处，马到中军，那关云长手提华雄之头，掷于地上。那杯酒还是温的，众人不得不佩服关羽的神勇。

关云长"温酒斩华雄"的壮举，确实是英雄饮酒的楷模，所以罗贯中在《三国演义》中赋诗盛赞："威镇乾坤第一功，辕门画鼓响咚咚。云长停盏施英勇，酒尚温时斩华雄。"

【 阮籍饮酒避祸 】

魏晋之际，官场黑暗，许多正直的文人名士只能以"酣饮为常，忽忘形骸"来排遣内心的痛苦，发泄强烈的不满。当时，著名的竹林七贤都喜欢饮酒，其中阮籍和刘伶尤甚。

阮籍才学出众，却因为当时的官场太险恶，正直的文人名士很难保全性命，因此，阮籍每天喝得酩酊大醉，以求自保。

阮籍在名士当中影响很大，司马昭很想和阮家联姻，想让儿子司马炎娶阮籍的女儿为妻。阮籍为人清高孤傲，无心攀附权贵，再加上对司马氏阴谋篡权的行径十分不满，根本不愿意结这门亲。但是，司马昭想成就这门亲事，他又能怎么样呢？于是，他就拼命喝酒。

醉酒确实帮了阮籍的忙，连续60天，阮籍每天都喝得酩酊大醉，司马昭根本就没有机会向他提联姻的事，最后只好作罢。

阮籍的邻居有个当垆卖酒的少妇，长得十分美丽。阮籍与王安丰经

常去酒垆喝酒，有时候喝醉了就睡在酒垆。

那位美妇的丈夫起初对阮籍很有戒备之心，观察了好久，并没发现阮籍有什么越轨的行为。可见，阮籍醉酒，有时是故意为之，不得不醉；有时确实是性情的真实流露。

【 杜康造酒醉刘伶 】

竹林七贤之中，刘伶也是嗜酒如命，比阮籍有过之而无不及。

关于刘伶，有个流传很久的故事。杜康善于酿酒。有一次，刘伶喝杜康酿的酒，醉得昏死过去。刘家人就让杜康偿命，杜康说刘伶没死，只是喝醉了。

因为刘伶好长时间都醒不过来，刘家人认为他真的死了，就把他埋葬了。等到刘伶"死去"整三年的那天，杜康到刘家讨要酒钱，说刘伶并没有死。

人们把刘伶从墓穴中挖出来。刘伶真的醒了酒，还在棺材里伸了个懒腰，大声地喊道："好酒呀，好酒！"

当然，这只是个传说，因为杜康是西周时人。刘伶虽然没有醉死过三年，但确实给后人留下了许多有趣的笑话。据说刘伶喝醉了酒之后经常发酒疯，有时甚至会在屋里脱光了衣服，人们见他这样，都讥笑他。刘伶却说："我以天地为大房子，以房屋为衣服，你们为什么要钻到我的裤子里来呢？"其实，真正醉酒的人哪有这么多哲理。

由此可知，刘伶醉酒和阮籍没有多大区别，每天喝得醉醺醺的，大都是故意伪装的，完全是出于对司马氏政权的不满。

中华文明故事 魏晋遗风卷 酒文化源远流长

117

饮酒与书法的关系很密切，唐代"草圣"张旭只有喝醉了酒才能写出刚劲、潇洒的狂草。"天下第一行书"——《兰亭集序》也是王羲之在饮酒、清谈的聚会上写成的，这就是著名的"兰亭修禊，曲水流觞"。

如果说饮酒与书法之间有着重要的关系，大家可能不会相信，但事实确实如此。"书圣"王羲之的"天下第一行书"——《兰亭集序》，就与饮酒密切相关。

"醉兰亭曲水流觞"，是东晋时期和饮酒有关的一次重要聚会，事情发生在东晋永和九年（353年）三月初三。这天，会稽内史、大书法家王羲之邀请朝中重臣谢安和孙绰等官员以及文人名士在兰亭聚会，一起饮酒、清谈、赋诗。

在这次聚会中，极有趣的就是"曲水流觞"这个与饮酒密切相关的游戏了。大家把盛了酒的觞放在船形的载体上，任其随溪水向下游漂流。参与者在兰亭的清溪两旁席地而坐，这些酒觞就从上游顺着弯弯曲曲的溪流徐徐而下，漂到谁面前，谁就取觞饮酒并赋诗一首。

在这次"曲水流觞"的游戏中，有11个人作了两首诗，有15个人作

兰亭修禊图 文徵明（明）

了一首诗，还有16个人因为没写成诗被罚了三大觥酒。

王羲之把大家写的37首诗收集起来，就有了著名的《兰亭集》。

这位大书法家又应大家的请求，乘兴挥毫作序，写下了那篇名扬千古的《兰亭集序》，"天下第一行书"由此诞生。

饮酒与诗歌

王安石评价李白的诗品格低下，除了酒就是女人。杜甫的名句"李白斗酒诗百篇"，也说明李白的诗确实与酒密切相关。其实，早在李白之前，诗和酒已经结下了不解之缘。

三国时期曹操虽然下过禁酒令，但是他自己就是饮酒赋诗的先驱。隐居南山的陶渊明干脆以20首饮酒诗把"饮酒"和"赋诗"捆绑在了一起。李白"斗酒诗百篇"，学的就是陶渊明。

《 曹氏诗中的酒 》

魏晋之际，曹操颁布过禁酒令，但他自己对酒却情有独钟。他与刘备"青梅煮酒论英雄"的故事，在民间流传得相当广泛。

曹操也确实喜欢喝酒，在《短歌行》的开头，他首先写道："对酒当歌，人生几何？譬如朝露，去日苦多。"

曹操因为有感于"国家四分五裂，中原战火纷飞"的残破局面，最后又以"慨当以慷，忧思难忘。何以解忧？唯有杜康"的无奈诗句，表达了对国家前途和命运的深深忧思。一首诗，诗前诗后都是酒啊！

曹植的饮酒诗写得也很有气魄，在《名都篇》中，曹植这样写道："左挽因右发，一纵两禽连。余巧未及展，仰手接飞鸢。观者咸称善，众工归我妍。归来宴平乐，美酒斗十千。"

一个意气风发、壮志凌云的少年形象跃然纸上。

《 陶诗中的酒 》

魏晋时期，虽然竹林七贤以"饮酒疏狂"闻名于世，但是在他们的诗作中却很少能看到酒的影子。

东晋诗人陶渊明与竹林名士一样"饮酒疏狂""逃避现实"，但是陶渊明却是诗酒相连的，他常常喝醉了酒写诗，或者在诗中描写喝酒。两晋时期，只有陶渊明才是真正的"诗中有酒，饮酒赋诗"！

陶渊明的《咏荆轲》，虽然写的是荆轲不畏强秦的英雄气概，但诗中的高潮却是太子丹为荆轲摆酒饯行的场面："雄发指危冠，猛气冲长缨。饮饯易水上，四座列群英。渐离击悲筑，宋意唱高声。萧萧哀风逝，淡淡寒波生。……登车何时顾，飞盖入秦庭。"

陶渊明酷爱饮酒，诗中也经常描写饮酒的乐趣，他甚至专门写了20首饮酒诗。在陶渊明的诗中，对饮酒的描写确实生动有趣："故人赏我趣，挈壶相与至。班荆坐松下，数斟已复醉。父老杂乱言，觞酌失行次。不觉知有我，安知物为贵。悠悠迷所留，酒中有深味。"

在诗中，陶渊明把朋友携酒前来畅饮的场景描写得淋漓尽致，把饮酒后的醉态写得十分生动、鲜活。由于喝醉了酒，失去了往日的矜持，才会出现"父老杂乱言，觞酌失行次"的有趣情形。

在陶渊明的饮酒诗中，最著名的那一首其实并没有一句提到饮酒："结庐在人境，而无车马喧。问君何能尔？心远地自偏。采菊东篱下，悠然见南山。山气日夕佳，飞鸟相与还。此中有真意，欲辩已忘言。"

这首诗哪里有一个字提到了酒？也许这就是"醉翁之意不在酒"吧。

饮酒与酒令

中国人喜欢热闹，在饮酒的时候，只要两个人以上，很少有喝闷酒的。为了烘托酒席宴会的热闹气氛，很早就出现了各种不同的饮酒花样和饮酒游戏，还产生了许多名目繁多的酒令。

古代流行燕射与投壶，现在盛行猜拳行令。相比之下，古人饮酒时的燕射与投壶比较文雅，现代人饮酒时的大呼小叫则显得有些粗俗了。

〖 燕射与投壶 〗

早在西周时期就出现了与饮酒相关的游戏，当时称为"燕射"。燕射在春秋战国时期很流行，其实就是比赛射箭。参加比赛的人轮流射箭，射不中目标的人就要被罚喝酒。燕射既是一种游戏，也是一种礼仪。

但是燕射太麻烦，需要的场地太大，没有办法在室内进行。后来，燕射就演变成了投壶。

投壶的规则和燕射相似，在酒桌不远处放一只高壶，酒桌上的人依次把手中的箭投向壶中，投进去的为赢，投不进去的为输，输了的人就要被罚饮酒。

魏晋时期，文人雅士对酒设乐，必雅歌投壶。可见，投壶之戏在魏晋时期已经非常普及了。

直到唐宋时期，投壶之戏才逐渐被新的饮酒游戏所取代。

〖 酒令的兴起 〗

唐宋之际出现了酒令，正是这种酒令最终取代了投壶。较流行的酒令，有花枝令、拈花令。

花枝令是一种类似"击鼓传花"的游戏，游戏规则是这样的：在击鼓的同时传花或者传彩球，鼓声突然停下时，花或彩球正巧在谁的手中，就罚谁喝酒。

拈花令是先掷骰子，按点数轮到谁，谁就在签筒中抽一根签，签上有花名，并依签指定在座众人谁该饮酒。

曹雪芹在《红楼梦》"寿怡红群芳开夜宴"中，贾宝玉过生日喝酒，用的就是这种拈花令。书中说，探春抽的签是"杏花"，签上面写着一句诗："日边红杏倚云栽。"并且注明："得此签者，必得贵婿。大家恭贺一杯，再同饮一杯。"

至于现在酒桌上流行的猜拳行令，那是明清以后的事了。这种酒令虽然叫喊的"哥俩好，三星照，四喜财，五魁首"都是些吉祥话，但是，凡划拳者必抡拳奋臂，叫号喧争，不仅有失风度，而且十分粗俗，已经完全没有了古代酒令的雅趣。

《 饮酒的器具 》

古人使用的酒具有许多种类。金庸在小说《笑傲江湖》中列举了多种精美的酒杯：羊脂白玉杯、翡翠杯、犀角杯、古藤杯、青铜爵、琉璃杯、古瓷杯等，这些确实都是古人饮酒时使用过的珍品。

中国古代有"美食不如美器"的说法，因此，中国古人饮酒使用的器皿——酒具，从来都非常讲究。

酒具包括盛酒的容器和饮酒的饮具。有了酒具，才有了饮酒时那充满诗意的美酒"停泊"之处，才有了"葡萄美酒夜光杯"的美感，才有了"莫使金樽空对月"的惆怅。

远古时期，酒器全是纯天然的，主

要是角器、竹木制品。到了夏商时期，才出现了青铜酒具和玉器酒具。青铜制成的爵、觚、斝、觥、尊等饮酒器皿，种类繁多。仅尊器一项，就有象尊、犀尊、牛尊、羊尊、虎尊等多种样式。

魏晋时期，瓷制酒具开始流行。到了隋唐，除了瓷制酒具以外，工匠们还用金、银、玉、琉璃、琥珀、犀角等各种材质，模仿荷叶的样子制作出十分漂亮的酒杯，俗称"荷叶杯"。

唐代诗人王翰所写的《凉州词》："葡萄美酒夜光杯，欲饮琵琶马上催。醉卧沙场君莫笑，古来征战几人回？"被后人誉为千古名篇，诗中的"夜光杯"就是专门用来喝葡萄酒的玉制酒杯。

当然，到了这个时候，距离魏晋南北朝饮酒成风的时代已经有一段时间了。

群雄并起浪淘沙
中原动乱响胡笳
三曹七子文坛春
竹林七贤德建功
王恩刘琨建美功
谢安谈笑
书法艺术
绘画艺术攀高峰
酒文化源远流长

是真名士自 **风流**

　　在中华文明史上，魏晋时期虽然时间并不长，但却是一个非同寻常的时代。用美学大师李泽厚先生的话说，这是一个"雨过天晴、彩虹重现"的历史时代，也是中华古文明再次复兴和迅猛发展的历史时代。

　　魏晋时期不仅是一个思想解放的时代，也是一个彰显个性的时代。

　　今天，我们可以指责嵇康、陶渊明对社会不负责任，也可以指责阮籍、刘伶嗜酒如命，还可以指责刘琨在金谷园中的奢侈，甚至还可以指责王导、谢安掌权时满足于偏安一隅。

　　然而，如果没有他们，也就没有了广泛的思想解放，也就不可能有魏晋南北朝时期文学艺术的杰出成就。

品行高尚

在魏晋时期的玄学名士中，许多人的道德品质十分高尚。他们不仅清廉自律、品行高洁，而且能以天下为己任，不畏艰险。更可贵的是，他们在关键时刻能挺身而出、大义灭亲。

魏晋时期是一个不同寻常的时代，思想解放、玄学思潮的兴起，使人们的思想观念发生了重大的变化，出现了一批言行优雅、品行高洁的玄学名士，他们气量恢宏、豁达大度，亘古罕见。

《 池鱼共享 》

西晋大臣王承，字安期，太原晋阳（今山西太原）人，为人豁达大度，被推为东晋初年第一名士。他出任东海太守时，为政清明，对手下和百姓都非常宽厚。

曾经有个小吏偷他府上的池鱼被捉住了，按律是要问罪的。王承却为他开脱，对手下官员说："周文王家里的鱼池从来都是与众人共享的，在我家池子里捉几条鱼有什么值得大惊小怪的！"事情就这样过去了。王承这种不同寻常的做法，自然博得了名士们的普遍赞赏。

《 凶马自骑 》

东晋开国重臣庾亮的品格也很高尚。据说，庾亮的坐骑是一匹的卢马，眼睛下面有泪槽。有人告诉他，这匹马是凶马，奴才骑，会客死他乡；主人骑，会身首异处，劝他赶快把这匹马卖掉。

庾亮却豁达地说："我如果卖掉这匹马，必然有人买，那不是害了别人吗？难道对自己不利，就应该移祸于他人吗？以前，孙叔敖为了不贻害后人，杀死了两头蛇，被人们传为美谈。我就学学孙叔敖，不是挺好吗？"

《 好车共用 》

东晋名士阮裕在剡（shàn）县居住的时候，有辆特别好的马车。阮裕为人大度，凡是有人向他借马车，他从未拒绝过。

有一次，有个朋友要埋葬母亲，想借他的马车用一下。但是，借别人的马车拉死人确实很难开口。这个朋友踌躇了很久，还是没敢向阮裕开口。

阮裕知道后发出感叹："我有车，别人却不敢借，还要它干什么！"于是，他就一把火把自己的车烧掉了。

《 功成身退 》

魏晋时期，许多玄学名士都是品德极为高尚之人。东晋开国功臣王导和中兴重臣谢安更是名士中的典范。

王导、谢安二人不仅以天下为己任，在关键时刻能够挺身而出，而且个人品行高雅不俗，没有窥视皇权的野心。

王导的兄弟王敦曾经拥兵自重，企图夺取晋室江山。王导在关键时刻并没有站在王敦一边，而是顾全大局，以国家利益为重，大义灭亲，最终粉碎了王敦的阴谋。

谢安的为人更是令人钦佩。谢安与王坦之挫败桓温篡权阴谋后，谢氏家族多人被朝廷委以重任，封以高官。然而，谢安唯恐引起朝廷的误会，非但不为自家争权，反而向桓氏兄弟让出许多权力。

更令人钦佩的是，当谢氏家族因为在淝水大战中功勋卓著，受到司马道子等人的猜忌和排挤时，为了国家的安定团结，以谢安为首的谢氏一门都选择了功成身退。

在中华五千年文明史中，在关键时刻挺身而出的人物并不少见，但是像谢安那样胸怀宽广、甘愿功成身退的高雅之士，却并不多见。这不仅是东晋能够以区区数万军马战胜前秦百万大军的可靠保障，也是东晋王朝能够在江南长期偏安一隅的重要原因。

谢安的气度是那个时代特定的产物，是玄学思潮达到顶点的标志。

狂放不羁

魏晋时期的竹林名士表面上"不遵礼法，狂放不羁"，内心深处却是极推崇名教的。正像鲁迅先生所说的那样，他们只是为了表示对司马氏宣扬的虚伪礼教的不满，才故意装出不遵礼法的样子。

魏晋之际，由于"名士少有全者"，许多玄学名士既反对司马氏提倡的虚伪礼教，又不愿与阴险狡诈的司马氏同流合污，于是，这些人就选择了"不遵礼法，狂放不羁"的人生态度。

《 蔑视礼教 》

阮籍是当时玄学思想重要的代表人物。

阮籍听到母亲去世的消息时，正在与别人下围棋。对方听说阮籍的母亲去世了，就提出这棋先别下了，阮籍却坚持要把棋下完，一定要比出输赢。

阮籍下完棋回到家中，饮酒二斗，放声痛哭，悲痛得口吐鲜血。

阮籍狂放不羁、不遵礼教有两个原因：一是平时过于压抑，借此发泄内心的真情至性；二是以此讥讽虚伪的世风，表示自己对虚伪礼教的蔑视和不满。

《 纯洁坦荡 》

阮籍为了表示对虚伪礼教的蔑视，经常故意做出狂放不羁的举动。阮籍的嫂嫂每次回娘家时，阮籍都要与嫂嫂告别，有人就拿这件事讥讽他，阮籍却回答说："礼教不是给我这样的人设置的！"

阮籍家附近住着一户老兵，家中有个女儿长得十分美丽。可惜，这个女孩还没出嫁就生病死了。阮籍和这户人家并不怎么熟悉，但是很为这个美丽女孩的早逝感到难过，就跑到人家家中大哭了一场。

在阮籍身上发生的这类事情很多。由于他内心纯洁、为人坦荡，后人对他的行为颇为赞赏。

《 阮咸追婢 》

阮籍的侄子阮咸也名列竹林七贤，他非常喜欢音乐，在音乐方面有很高的造诣。我们今天弹奏的民族乐器大阮和小阮，就是这位竹林名士发明的，故以他的姓氏命名。

阮咸和阮籍一样，对传统礼教十分蔑视。阮咸与姑妈家中的鲜卑婢女相爱，姑妈曾答应把这个婢女送给阮咸，可搬家的时候，不知什么原因，又把婢女带走了。

这时，阮咸的母亲刚刚去世，他听说姑妈把那个婢女带走了，不顾自己重孝在身，立即骑上客人的毛驴追了过去。

追到姑妈家，姑妈满足了阮咸的要求，把婢女送给了他。两个人就骑着毛驴回了家。

不久，这个鲜卑女子为阮咸生了一个男孩，就是后来的东晋名臣阮孚。阮咸写信告诉姑妈说："胡婢已经生下胡儿了。"阮咸的姑妈回信说："《鲁灵光殿赋》上有这么一句'胡人遥集于上楹'，这个孩子的字就叫'遥集'吧。"阮孚的字"遥集"就是这么来的。

崇尚清谈

魏晋南北朝时，人们崇尚清谈。由于撰写《晋书》的唐代学者大都是站在儒家的立场上贬损玄学和玄学名士的，因此，后人对崇尚玄学清谈的魏晋学者产生了许多误解。

后人对清谈多有误解，认为西晋王朝的灭亡是太尉王衍崇尚玄学、喜欢清谈造成的恶果。

其实，西晋灭亡是因"八王之乱"引起的。如果再把东晋的偏安一隅也归罪于清谈，就更加荒唐了。

事实上，运筹帷幄的王导、决胜千里的谢安都是玄学名士，谢玄、桓温等东晋名臣都是崇尚玄学的清谈之士，他们直接或间接地为魏晋南北朝时期的社会发展和思想解放做出了重要贡献。

清谈就是玄学名士们在一起谈论人生、自然等哲学问题。清谈非常自由，无论官员、百姓，人人服从真理，既没有高低贵贱之分，也没有资历深浅之别。在这样的学术气氛中，新思想、新观点自然层出不穷。

是真名士自风流

《 谦虚的何晏 》

汉魏之际，玄学清谈的重要代表人物是曹操的养子何晏。何晏也是当时有名的美男。

何晏（？—249年），字平叔，是魏晋玄学的创始人之一，他在思想上重"自然"而轻"名教"。正始年间，何晏与夏侯玄、王弼等人以老子和庄子的哲学思想为核心，提出了"以无为本"的玄学理念。何晏喜欢与人谈玄。他在清谈中不仅展示了自己的学术思想，而且显示了虚心的治学精神，深受名士们的推崇。

何晏与王弼关于《老子》的一次谈话很有名。当时，何晏已经50

何晏

多岁了，不仅是著名学者，而且是功成名就的朝廷重臣，而王弼当时还不满20岁，是一个晚辈后生。但是，何晏看了王弼撰写的《老子注》以后，竟然称赞王弼："这才是一个可以谈天论道的人啊！"

何晏认为王弼的《老子注》学术水平远远高于自己，于是就把自己所写的《老子注》改名为《道德论》。

魏晋之际的学者裴徽、刘邵、夏侯玄等对何晏的评价都很高。

何晏一生著述很多，有《论语集解》十卷、《道德论》二卷，在《全三国文》中还收录了他的《景福殿赋》《九州论》《无为论》等多篇论著。

何晏的哲学思想对魏晋时期的思想解放起了重要作用。

〖 潇洒的王衍 〗

王衍（256年—311年），字夷甫，琅琊临沂（今山东临沂）人，西晋时期著名的清谈家。王衍是一个深受后人误解的历史人物，在那个"名士少有全者"的时代，王衍也是一个受害者。

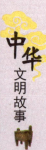

中华文明故事

王衍是西晋太尉，在被害时说了一句："如果不整日清谈，而是好好治理国家，也许不会这么一败涂地！"王衍的临终之语是玄学名士对自己一生的严格反思。后人却因为这句话，把西晋灭亡的责任全部推给了他。

王衍学识渊博，很喜欢清谈。裴遐娶了王衍的女儿，按当时习俗，婚后第三天女儿和女婿要回门。到了这天，王、裴两家的子弟和朝中的名士们都来了，回门变成了清谈。

清谈中，玄学名士郭象与裴遐进行了十分激烈的辩论。郭象学识渊博，裴遐论述缜密，在场的人都称赞这两个人的学问。

王衍高兴地对客人们说："你们别再谈论了，不然，可要被我的女婿难倒了。"女儿回门竟然成了激烈的哲学辩论会。可见，这位西晋太尉是多么喜欢清谈。

王衍精通玄学，经常手执玉柄麈尾与名士们在一起清谈，人们说他"天形奇特，明秀若神"，非常有风度。

他兵败被俘，石勒见到他，被他深深地吸引住了。石勒对手下人说："我从来没见过这么有风度的人，真不忍心杀他啊！"最后让人在深夜推倒房子，把王衍压死了。

谈玄的王导

东晋开国功臣王导是一个很务实的政治家，也是一位玄学名士。他一方面把玄学思想用于治理国家，保证了东晋早期的稳定与发展；另一方面，也为玄学在江南的传播做出了重要贡献。

王导治国是以玄学为指导思想的，王导说他到江南以后，只提倡嵇康的"声无哀乐、养生、言尽意"这三个观点，其他都是从这三个观点中阐发出来的。

有一次，名士殷浩来到京城建康，王导专门为他组织了一次清谈，参加的人有桓温、王濛、王述、谢尚等多位玄学名士。

清谈聚会开始后，王导站起来，解下麈尾，与殷浩你来我往，互相辩驳，直到三更天。清谈中，其他人都插不上话，直到双方都尽了兴，才停止了这场辩论。

《 高雅的谢安 》

东晋的中兴名臣——那位"运筹帷幄之中，决胜千里之外"的谢安，也是一位玄学名士。谢安的叔叔谢尚就是王导与殷浩那次清谈聚会的座上宾。

谢安非常喜欢清谈，出仕之后，时常怀念在东山游山玩水的隐居生活。有一次，谢安与好朋友王羲之在一起游玩，触景生情，又向王羲之表示了自己对隐居山林和玄学清谈的向往。

王羲之批评谢安："大禹为了治理洪水，手脚全都生满了老茧。周文王为了治理国家，连饭都顾不上吃。现在朝廷正是多事之秋，您应该像大禹和周文王那样勤劳国事。如果因为清谈耽误了政事，恐怕就有点不太合适了吧。"

谢安没有回答，却反问王羲之："秦国任用商鞅，只传了两代就灭亡了，难道也是清谈造成的后果吗？"驳得王羲之无话可说。当然，谢安深受玄学思潮的影响，内心确实迷恋美丽的湖光山色和玄学清谈。

东晋时期，玄学名士们的清谈聚会非常普遍，可惜清谈的内容都没能记录下来，这是中国哲学史上的重大损失。

中华
文明故事